»... und Friede auf Erden«

Krippenspiele für jedes Alter
und Techniken für Krippenspiele

Herausgegeben von Uwe Hausy

Zentrum Verkündigung

Reihe
Materialbücher des Zentrums Verkündigung der EKHN
Buch 115

Die Deutsche Bibliothek verzeichnet diese Publikation in der Deutschen Nationalbibliografie; detaillierte bibliografische Daten sind im Internet über ‹http://dnb.ddb.de› abrufbar.

Satz
Hansisches Druck- und Verlagshaus GmbH
Emil-von-Behring-Str. 3, 60439 Frankfurt am Main

Druck
MaxDornPresse, Obertshausen

Evangelische Verlagsanstalt GmbH – Leipzig
H 7441
ISBN 978-3-374-02910-5
www.eva-leipzig.de

Zentrum Verkündigung der EKHN – Frankfurt am Main
www.zentrum-verkuendigung.de

Gedruckt auf Recyclingpapier naturweiß, hergestellt aus 100 % Altpapier.

Inhalt

I. Theorieteil

Techniken für Krippenspiele

Wer hat eigentlich gesagt...

Krippenspielsplitter

II. Gottesdienstspiele

III. Krippenspiele

Zu diesem Buch

Alle Jahre wieder kommt es völlig überraschend und doch von so vielen Kindern heiß ersehnt – Weihnachten. Und manchmal kommt dann genauso überraschend – das Krippenspiel. Bei manchen kommt es schon vor den Sommerferien, bei manchen vor den Herbstferien oder spätestens acht Wochen vor Weihnachten. Im Jahr 2009 hat Sebastian Kress im Auftrag des Referats für Spiel und Theater der Evangelischen Kirche in Hessen und Nassau eine Umfrage durchgeführt zum Thema „christliche Inszenierungen in der Weihnachtszeit“: 67 % gaben an, ein Krippenspiel aufzuführen. Auf 100 Kirchengemeinden kamen dabei ca. 20 000 Menschen, die sich diese Inszenierung angesehen haben. Bei 100 Kirchengemeinden spielen dabei vorne 2 133 Personen mit. Sie werden dabei von ca. 400 Menschen in ihrem Spiel angeleitet. Im Durchschnitt gibt es diese Veranstaltung in den Kirchengemeinden seit 17 Jahren.

Beeindruckende Zahlen für eine Veranstaltung, die jedes Jahr aufs Neue den Menschen dieselbe frohe Botschaft von der Geburt des Jesuskindes erzählt. Und immer wieder auch beeindruckend das Engagement der vielen ehrenamtlichen Helferinnen und Helfer für diesen Gottesdienst, diesen einen ganz besonderen am 24. 12., in dem das Krippenspiel aufgeführt wird.

In diesem Buch habe ich den Versuch unternommen, einmal eine Krippenspielsammlung zusammenzustellen, die exemplarisch die unterschiedlichen Facetten dieses Spiels aufgreift. Es gibt einige sich wiederholende Figuren und Möglichkeiten, das Krippenspiel zu bauen. Dabei ist eine bunte Sammlung entstanden und bei vielem werden Sie vielleicht sagen: Du liebe Zeit, so was geht bei uns ja gar nicht! Das ist viel zu modern – oder: Das ist viel zu altbacken. Aber alle fertigen Stücke kommen aus der Praxis und waren schon einmal Teil eines Gottesdienstes. Vielleicht können Sie nicht das komplette Stück übernehmen, doch die eine oder andere Idee könnte Sie inspirieren, etwas Eigenständiges zu entwickeln.

Doch wie kommt man eigentlich zu einem eigenen Theaterstück? Viele suchen Jahr für Jahr nach einem passenden Stück und irgendwann bei näherer Betrachtung stellt sich die Frage: Wieso machen wir das eigentlich nicht selber? So schwer kann das doch eigentlich gar nicht sein, oder vielleicht doch? Vieles spricht dafür, es selbst zu versuchen. Denn nur dann passt das Stück auf Ihre Gruppe und auf Ihre Anzahl von Mitspielenden. Auch der Raum und der zeitliche Umfang können auf den Gottesdienst abgestimmt werden.

Deshalb ist dieses Buch mehr als ein Buch voller Stücke. Im ersten Teil versuche ich Linien und Methoden aufzuzeigen, wie so ein Krippenspiel entsteht. Es gibt unterschiedliche Kategorien, in die ich die vorliegenden Stücke einsortiert habe. So können Sie anhand der entsprechenden Kategorie den roten Faden erkennen, der diese unterschiedlichen Stücke verbindet, und Sie können sehen, wie vielfältig die dramaturgischen Lösungsmöglichkeiten sind. Sollten Sie sich einmal selbst als Krippenspielschreiber versuchen wollen, so finden Sie im Kapitel „Krippenspielsplitter“ Ideen, Anregungen und Textpassagen, die Sie direkt so übernehmen können.

Und nun, bevor Sie sich darin vertiefen, steht hier der Dank an all diejenigen, die zum Gelingen dieses Buches beigetragen haben: Michael Behrendt, Christa Böttcher, Regine Brill, Gerharde von Burstin, Adrienne Clark, Iris Dittmar, Anke Durth, Martina Engels, Edith Fiedor, Andreas Friede-Majewski, Annika Götz, Michaela Götz, Ivonne Heinrich, Thorsten Heinrich, Ingeborg Hildmann-Lorenz, Magdalene Höhn, Nora Hünemohr, Kristin Kamprad, Martin C. G. Körber, Michael Kirmes, Sebastian Kress, Annette Meffert, Uta Miersch, Peter Müller-Wiener, Wiebke Nonne, Lukas Ohly, Alessa Pärn, Kerstin Reinheimer, Lutz Rental, Tetyana Soslyute, Ursula Starke, Sonja Stasch, Claudia Viehmann und Andrea Wicke.

Uwe Hausy

I

Theorieteil

Uwe Hausy

Techniken für Krippenspiele

Ich habe hier einmal die einzelnen Stücke ein wenig genauer charakterisiert. Das kann eine Hilfe sein, wenn man sich daran machen will, ein eigenes Stück zu entwickeln.

Der Erzähler im Krippenspiel

In den meisten Krippenspielen in diesem Buch gibt es ihn, den Erzähler. Manchmal auch getarnt als Rolle: Die Oma im Schaukelstuhl ist genauso eine Erzählerin wie jemand, der am Stehpult steht. Gerade in der Arbeit mit Kindern sparen Sie sich viel Stress, wenn Sie von vornherein die Rolle eines Erzählers mit einplanen. Der Erzähler moderiert, führt weiter zur nächsten Szene, und er kann unauffällig ausgelassene Texte nachliefern oder die Texte eines kranken Kindes mit übernehmen. Optimal ist es, wenn Sie das Stück von Anfang an so planen, dass Sie einfach eine Geschichte erzählen und dann von da aus mit den Proben beginnen. Sie haben so die Freiheit, jederzeit komplette Szenen einfach zu erzählen oder aber von den Kindern ausspielen zu lassen. Das entspannt den Probenprozess ungemein, und Sie können flexibel reagieren, wenn im Gottesdienst plötzlich wegen Krankheit wichtige Rollen ausfallen. Der Erzähler ist außerdem in akustisch schlechten Räumen hilfreich, weil er die wichtigen Texte ins Mikrofon sprechen kann. Und selbstverständlich kann man diese Rolle bei einem guten Probenverlauf auch wieder streichen. Wo der Erzähler nichts Wichtiges zum Fortgang des Stückes beiträgt, streicht man ihn einfach.

Das ganz traditionelle Krippenspiel

In den meisten Stücken, die hier aufgeführt sind, kommt die ganz traditionelle Weihnachtsgeschichte in irgendeiner Form vor. Doch man braucht gar nicht unbedingt das Drumherum. Mit der Weihnachtsgeschichte haben wir einen echten Fundus und eine schöne Basis für ein Krippenspiel von ca. 15 – 20 Minuten. Einfach den originalen Text nach dem Lukasevangelium nehmen und den dort vorkommenden Personen etwas Text mit an die Hand geben. Dabei ein wenig Gefühle mit hinein (wie fühlt sich denn der Wirt, wenn zum zigsten Mal geklopft wird und sein Haus gerade renoviert wird), und schon geht es los. Die Geschichte ist an sich schon gut und tragfähig. Gerade wenn die Probenzeit knapp ist, bietet sich das an. Hat man keine Krippe aufgebaut, kann die Geschichte auch ohne Probleme mit dem Verkündigungstext der Engel enden. Wenn man mag, sagt der Erzähler zum Schluss: „Und sie machten sich auf und fanden das Kind in Windeln gewickelt und in einer Krippe liegen.

(„Der Stern Gottes“, „Ein Hirte findet den Stall“)

Das Krippenspiel bei unterschiedlichen Anlässen spielen

Mit ein und derselben Geschichte die ganze Vorweihnachtszeit bestreiten. Sich nicht zu jedem Anlass noch eine neue Geschichte einfallen lassen müssen. Die Idee: Es gibt ein Stück, eine Geschichte, und diese wird immer wieder neu der jeweiligen Situation angepasst. Berücksichtigt man die Rolle eines Erzählers, so hat man schon eine Andacht für die unterschiedlichen Kreise in der Vorweihnachtszeit. Wie das geht, zeigt das Stück „Der weite Weg nach Bethlehem“. Das Theaterstück liegt in zwei Fassungen vor. Einmal in der großen Fassung mit ca. 30 – 50 Mitwirkenden auf einer Bühne von 30 x 10 m, gespielt in einem Stall im Familiengottesdienst. Und zweitens als kleine Fassung mit ca. 9 Spielerinnen für einen Kindergartengottesdienst auf einer Fläche von 10 x 3 m. Legt man sich die Stücke nebeneinander, wird schnell ersichtlich, wie die Kürzungen durchgeführt wurden. Ich habe hier die kompletten Gottesdienste mit abgedruckt um zu zeigen, wie sich das gespielte Stück harmonisch mit der jeweiligen Liturgie verbinden lässt. Die „Gefahr", dass die Kinder in der großen Fassung ihre kleinere wiedererkennen, würde ich eher als Vorteil empfinden. Hinzu kommt noch, dass die kleine Fassung vor der großen gespielt wurde, so dass dramaturgisch selbst die Erwachsenen etwas Neues erleben und erfahren können.

Tiere als Wegbegleiter

Das Motiv einer tierischen Erzählebene findet sich nicht nur hier, sondern auch in „Der weite Weg nach Bethlehem". Bei den „Mäusen in der Martinskirche" kommen noch einmal mehr die charakterlichen Eigenschaften der Mäuse zum Tragen. Sie sind sozusagen noch eine eigene Story in der Story. Tiere können auch nur Begleiter durch die Geschichte sein oder sie sind mit einem Problem belastet, von dem sie hoffen, dass es jemanden gibt, der sie davon befreit.

Bei diesem Stück gibt es noch eine weitere Besonderheit. Es ist eigentlich ein Weihnachtskrippen-Musiktheater, denn es gibt außerdem noch eine Band, die die Szenen musikalisch und mit Liedern interpretiert.

(„Mäuse in der Martinskirche", „Der weite Weg nach Bethlehem")

Von einer fertigen Geschichte zum Theaterstück

Eine Geschichte wird als Ideengeber genutzt und daraus dann ein Theaterstück entwickelt. Das ist eine gute Möglichkeit, nicht alles neu erfinden zu müssen. Dabei können schon kleine Geschichten als Impulsgeber dienen, von dem aus dann ein eigenes Stück entwickelt wird.

(„Mäuse in der Martinskirche", „Der weite Weg nach Bethlehem")

Eine völlig eigene Geschichte

Es gibt auch Theaterstücke, die sich der Krippe auf ungewöhnliche Weise nähern. Es besteht die Möglichkeit, eine völlig eigene Geschichte zu erzählen und nur Aspekte mit hineinzuweben. Die drei hier aufgeführten Geschichten verfolgen konsequent ihren eigenen Erzählstrang und fühlen sich nicht verpflichtet, die komplette Weihnachtsgeschichte wiederzugeben. Die eigenständige Geschichte beleuchtet die Weihnachtsgeschichte auf eine neue, andere Art und gibt der Gemeinde die Möglichkeit, sich die bekannte Geschichte neu zu erschließen.

(„Die Könige“, „Das Zeichen der beiden Tauben“, „Ist auch mir zur Seite“)

Vom aktuellen Anlass zum historischen Spiel

Diese Form der Krippenspiele vereint eine aktuelle Szene mit historischem Spiel. In der aktuellen Szene bietet sich die Möglichkeit, Themen von heute zu aufzugreifen (Geschenke, Arm und Reich…), die in der gespielten Weihnachtsgeschichte als Flashback ihr Spiegelbild finden. In manchen Stücken kommt es gegen Ende zu einer Vermischung der beiden Ebenen. An der Krippe treffen sich historische Personen und die Spieler aus der aktuellen Szene.

(„Das Abenteuer Weihnachten“, „Weihnachten an der Tanke“, „Brennpunkt – Lichterscheinungen in Bethlehem“)

Die Krippe vor der Haustür

Eine weitere Möglichkeit ist, die komplette Weihnachtsgeschichte in den eigenen Ort zu importieren. Sie passiert sozusagen vor der eigenen Haustür; mit allem, was sich dort bietet, kann die Geschichte weitergeführt werden. Das Spannungsfeld bilden in diesem Fall die historischen Figuren Maria und Josef, die im Jahr 201x landen. Umgekehrt kann natürlich auch die moderne Fernsehtechnik plötzlich bei den Hirten auf dem Felde auftauchen und die gesamte Geschichte als Reportage erzählt werden.

(„Bethlehem ist überall“, „Brennpunkt – Lichterscheinungen in Bethlehem“, „Hier ist Bethlehem“, „Ostheimer Weihnachtsspiel“)

Mit Kindern Texte selbst entwickeln

Diese zwei Stücke haben ihre Besonderheit darin, dass die mitspielenden Kinder ihre Texte selbst entwickeln. Der Vorteil liegt im authentischen Spiel der Beteiligten und darin, dass sich die Spielerinnen sehr intensiv mit der Thematik beschäftigt haben. Wichtig ist nicht allein die Aufführung am Heiligen Abend, sondern der Spielprozess, der die Mitspieler intensiv mit der Weihnachtsgeschichte in Kontakt bringt.

(„Übernachten im Stall“, „Alle Jahre wieder“)

Krippenspiel in Mundart

Unsere Sammlung enthält auch ein Krippenspiel in hessischer Mundart, es ist der erste Teil einer Trilogie. An jedem Weihnachtsfest kommt eines der drei Stücke zur Aufführung. Nach drei Jahren geht es wieder von vorne los. Es ist eigentlich nur konsequent, die immer gleiche Geschichte auch immer wieder gleich zu erzählen. Hier werden in drei Spielen alle Aspekte der Weihnachtsgeschichte berücksichtigt. Der erste Teil orientiert sich am Lukasevangelium. Die Mundart hat den Vorteil, dass sie das Volksstück Weihnachten noch näher an das „Volk“ heranholt. Damit hat das Stück auch die Möglichkeit, in der Sprache etwas volkstümlicher zu sein und Geschehnisse noch einmal anders auf den Punkt zu bringen. Damit wird die Weihnachtsgeschichte zum Volkstheater und rückt die Menschen direkt in ihre Lebenswelt. Wenn die Mundart dann nicht der Effekthascherei gilt, geht auch der nötige Ernst nicht verloren.

(„En Keenich fer die klaane Leut“)

Krippenspiel ohne Spiel

Warum muss man eigentlich ein Krippenspiel aufführen? Das kleine Weihnachtsoratorium ist eine Form, bei der man die ganze Schauspielerei auch weglassen kann. Im Mittelpunkt stehen die Weihnachtslieder und die Weihnachtsgeschichte. Denkbar wäre hier auch, noch einen Erzähler einzuführen, der die gelesene Geschichte im narrativen Stil noch mehr mit Leben füllt.

(„Kleines Weihnachtsoratorium“)

Mal etwas völlig anderes

Dieser Gottesdienstentwurf ist ein ganz eigener Zugang zu Themen der Weihnachtsgeschichte. Es wird ein thematischer Aspekt aus der Weihnachtsgeschichte herausgegriffen und der komplette Gottesdienst um diesen einen Aspekt herumgebaut. Hier ist es der Aspekt der Liebe Gottes, die Mensch wird und sich aus Liebe zu uns Menschen selbst erniedrigt. Im Zentrum steht die Liebe. Dieses Thema wird aus unterschiedlicher Sicht mit Gedichten von Schiller über Rilke bis Thomas D und biblischen Texten aufgefächert.

(Liebesgedichte und Lyrik)

Uwe Hausy

Wer hat eigentlich gesagt...

Egal, ob Sie einige Dinge schon immer so machen oder feststellen, dass die im Folgenden erzählten kleinen Geschichten auf Sie gar nicht zutreffen und die Tipps gar nicht umsetzbar sind: Vielleicht hilft Ihnen der eine oder andere Tipp bei der nächsten Inszenierung weiter.

...dass nur Kinder ein Krippenspiel aufführen können?

In vielen Gemeinden gibt es eine lange und gute Tradition, dass die Kinder das Krippenspiel aufführen. Da gibt es dann einen richtigen „Beförderungsweg" vom Schaf über die Engel bis vielleicht eines Tages zur Maria. Will man in diesen tief verankerten Traditionen etwas verändern, muss man sehr vorsichtig und behutsam vorgehen, denn diese Tradition ist den Mitspielenden und deren Angehörigen wichtig.

Auf der anderen Seite erlebe ich immer wieder, dass die Kinderzahlen, schon allein aus demografischen Gründen, zurückgehen oder dass es in vielen Kirchengemeinden solch eine Krippenspieltradition gar nicht gibt. Hier rate ich immer, doch Jugendliche und Erwachsene als Spielerinnen mit in das Krippenspiel einzubeziehen. Gerade die Eltern der Kinder sind vielleicht ganz froh, wenn sie auch mitspielen dürfen. Die Qualität eines Weihnachtsfestes steigt enorm, wenn sich die ganze Familie in einem Krippenspiel einbringt. Schon die Adventszeit wird anders wahrgenommen, weil die Vorfreude allein durch die Proben zum Thema Weihnachten ganz anders erlebt wird. Im Weihnachtstrubel sind diese gemeinsamen Probenzeiten wertvoll, gelingt doch hier ein Blickwechsel auf das Wesentliche, ein Innehalten, für die Dauer der Probe beschäftigen sich alle mit dem kommenden Ereignis: der Geburt Christi.

Und wenn sich dann die ganze Familie am 24. Dezember gemeinsam zu Hause auf den großen Auftritt vorbereitet, Kinder wie Erwachsene gemeinsam die Anspannung und Aufregung spüren, dann gemeinsam losziehen und gemeinsam ihren „Auftritt“ durchstehen, dann wird dieses Weihnachtsfest zu einem besonderen Erlebnis, das diesen besonderen Tag prägt. Der Vorteil für Sie als Leiter ist ebenfalls nicht von der Hand zu weisen. Sie können in jede Gruppe von Spielern Erwachsene mit einsetzen und dann kann der „Mama-Engel“ behutsam die wilde Engelgruppe durch das Stück steuern und dafür sorgen, dass deren Auftritt gelingt. Im Übrigen kann man ein Krippenspiel auch einfach komplett mit Erwachsenen spielen. Gerade für den Kindergartenweihnachtsgottesdienst ist es eine Chance, die Eltern konkret anzusprechen und mit ihnen ein Stück für die Kinder einzuüben.

... dass man für ein Krippenspiel mindestens 20 Personen braucht?

Es soll ja Kirchengemeinden geben, in denen jedes Jahr bis zu 40 Kinder am Krippenspiel beteiligt sind. Das macht die Rollenbesetzung jedes Jahr zu einer echten Herausforderung. Dann gibt es aber auch Kirchengemeinden, die keinen großen Stamm an Kindern oder Erwachsenen haben und dennoch ein Krippenspiel aufführen wollen. Tja, wie viele Menschen braucht man denn nun? Ich denke, es geht mit einer Frau! Da wäre es allerdings gut, wenn sie ein wenig über schauspielerische Erfahrungen verfügt. Eine Maria, die die Geschichte als Solorolle spielt.

Bühnenaufbau: Ein Kinderbett. Maria spielt als Rückblende die Weihnachtsgeschichte. Wenn man sie nicht so ganz alleine lassen will, kann man ihr einen Josef oder einen Erzähler zur Seite stellen. Hat man fünf oder sechs Menschen, so bietet es sich an, die Geschichte aus der Sicht der Hirten erzählen zu lassen. Die sind schon den ganzen Tag auf dem Felde, und den ganzen Tag ist so ein riesiger Strom von Menschen über ihre Weide gestampft, und da sehen sie auch zum ersten Mal die schwangere Maria ...

…dass ein Krippenspiel nur im Altarraum stattfinden darf?

Auf den ersten Blick scheint ein Kirchraum ein guter Raum für eine Aufführung zu sein. Die Gemeinde sitzt meist in Bänken, die nach vorne ausgerichtet sind, und der Altarraum ist leicht erhöht. Doch leider stellt sich sehr schnell heraus, dass da auch noch Säulen sind, dass es schwierig ist mit Szenen auf dem Boden (deshalb sind zum Beispiel die schlafenden Hirten auf dem Boden für die Gemeinde einfach gar nicht da, da sie nicht sichtbar sind). In akustischer Hinsicht stelle ich immer wieder fest, dass es im Kirchraum meist nur zwei Stellen im vorderen Bereich gibt, von denen aus die Sprecherin gut zu verstehen ist. Das ist einmal die Stelle vor dem Altar, hinein in die Gemeinde, und die Kanzel. Das heißt aber auf der anderen Seite, dass wir als Krippenspielmacher damit leben müssen, dass nicht immer alle alles sehen und hören können. Wenn Sie sich nicht zu sehr unter Druck setzen, fallen Ihnen vielleicht auch neue Lösungen ein. Zum Beispiel könnte man die ganze Kirche mit einbeziehen. Dann wird die Gemeinde in den Bänken im Spiel zur Schafherde, die es zu bewachen gilt, und schon sind die Hirten im Kirchraum unterwegs und müssen zwangsläufig lauter sprechen. Oder die Engel singen von der Empore herunter und verkünden von dort ihre Botschaft. Gerade wenn es gelingt, die Szenen zu entzerren, im Theaterjargon heißt das dann: „auf Distanz spielen", sprechen viele Spieler(innen) zwangsläufig lauter. Oder Maria und Josef haben einen längeren Anreiseweg in den Altarraum und spielen schon unterwegs einige Sequenzen zwischen den Bankreihen.

…dass man zum Proben immer alle Mitwirkenden dabeihaben muss?

Für alle Beteiligten ist die folgende Situation immer besonders anstrengend: 40 Mitwirkende sitzen im Gemeindesaal, und die Regie arbeitet mit Maria und Josef. Die Zeit vergeht, und nach anderthalb Stunden sind alle ziemlich angespannt, und die Hirten sind wieder einmal nicht drangekommen. Die meisten Krippenspielinszenierungen, die ich kenne, haben ein gutes Regiekonzept. Für alle mitspielenden Gruppen gibt es feste Orte. Da ist das Feld und da der Palast, und die Engel stehen dahinten. Selbst die Wege sind den meisten Regisseur(innen) klar. Im Kopf haben sie eine klare Vorstellung, wie alles ablaufen soll. Nur, warum proben sie dann nicht einfach in Kleingruppen? Sie könnten doch einfach mit jeder Gruppe einmal ein Stunde alleine proben. Also mit den Engeln und den Hirten und Maria und Josef und den Königen. In einem zweiten Schritt bringen sie Gruppen dann zusammen, wie zum Beispiel die Hirten und die Engel. Und erst ganz am Schluss gibt es eine gemeinsame Probe und dann noch eine Generalprobe. Das würde die ganze Situation für alle Beteiligten ziemlich entspannen. Die Frage ist, wie man das organisieren kann. Ich arbeite gerne mit einer Spass- und Fungruppe zusammen. Das heißt, es gibt einen festen Probenplan, an den auch ich mich zu halten habe, und es gibt eine Gruppe von Mitarbeitenden, die mit den Kindern, die gerade nicht dran sind, spielen, basteln und singen. Diese Gruppe ist für eine Produktion, in der Kinder mitspielen, ein echter Schatz, denn diese Gruppe sorgt dafür, dass die Kinder auf andere Gedanken kommen, um sich später dann wieder voll auf die Arbeit und ihre Rolle konzentrieren zu können. Gibt es eine solche Gruppe nicht, kann man mit einem festgelegten Probenplan arbeiten, und die Kinder kommen zu den entsprechenden Zeiten an den Probenort. So zu arbeiten hat mehrere Vorteile:

- Die komplette Probensituation ist für Darsteller und Regie viel entspannter.
- Die Qualität des Ergebnisses steigt, weil sowohl die Darsteller als auch die Regie sich nicht von den Wartenden ablenken oder gar unter Druck setzen lassen, sondern sich auf ihren Part konzentrieren können.
- Die Spannung bei allen Beteiligten bleibt hoch, weil sie das gesamte Stück erst in den letzten Proben zum ersten Mal wirklich sehen.

...dass bei einem Krippenspiel alles perfekt laufen muss?

Haben Sie sich schon einmal den Genuss gegönnt und ein Theaterstück nicht nur einmal angesehen, sondern mehrmals? Wenn ja, dann wissen Sie, wovon ich rede. Keine Aufführung ist zweimal genau gleich. Irgendetwas verändert sich immer, irgendjemand vergisst garantiert seinen Text, ein Requisit steht bestimmt nicht an der richtigen Stelle oder eine Spielerin vergisst, rechtzeitig aufzutreten. That's live! Das Theaterstück ist kein Film, und die Menschen, die daran teilnehmen, sind keine Maschinen. Natürlich sitzt die Regie draußen auf heißen Kohlen und ärgert sich, wenn wieder einmal die Szene, die schon tausendmal geübt wurde, nicht funktioniert. Aber mal ehrlich: Wie viel bekommen eigentlich die Menschen, die in den Bankreihen sitzen, davon mit? Hier liegt, glaube ich, das eigentliche Thema: Die Spielerinnen müssen im Probenprozess lernen, dass das Stück immer weitergeht. Das Spiel läuft ohne Unterbrechung durch, und nur, wenn sich die Spielenden im Altarraum verraten, können die Menschen in den Bänken den Fehler erkennen. Und sollte das Krippenspiel ein zweites Mal zur Aufführung kommen, kann man garantiert davon ausgehen, dass dann etwas anderes schiefgeht. Das ist nicht nur bei einem Krippenspiel so, das passiert jeden Abend auf allen Theaterbühnen landauf, landab.

...dass eingesetzte Technik immer auf Anhieb funktionieren muss?

Der Einsatz von Technik ist immer ein heikler Moment. Plötzlich hören sich die Spielenden anders, und es pfeift an allen Ecken und Enden. Meist plant die Regie eine Technikprobe nicht ein, sondern geht schlicht davon aus, dass die Technik funktioniert. Eine andere Aufgabe hat die Technik ja schließlich auch nicht. Sie soll möglichst unauffällig das gezeigte Spiel unterstützen. Dumm nur, dass auch die Technik ihre Tücken hat und je aufwendiger der Einsatz von technischen Hilfsmitteln ist, desto wichtiger ist es, sich mit den Techniker(inne)n zusammenzusetzen und das Stück durchzusprechen. Die Spieler müssen darauf vorbereitet werden, dass mit der Technik ein völlig neuer, eigenständiger und wichtiger Bereich dazukommt. Erst einmal sollten alle davon ausgehen, dass die Technik nicht auf Anhieb funktionieren wird. Diese Phase ist nur mit viel Geduld und Spucke zu überstehen. Gehen Sie immer davon aus, dass die Techniker ihr Möglichstes tun, um die Technik zum Laufen zu bringen. Es nützt dabei niemandem, wenn die Regie zwischen den Kabeln herumspringt und noch zusätzlich Druck aufbaut. Die Wahrscheinlichkeit ist außerdem hoch, dass der komplette Technikeinsatz bei einem ersten Durchlauf (der ja leider meist auch gleichzeitig die Generalprobe ist) nicht exakt funktioniert. Hier ist es hilfreich, wenn Sie als Regisseur noch eine Assistenz haben, die sich neben die Techniker setzt und sie durchs Stück geleitet.

Uwe Hausy, Ingeborg Hildmann-Lorenz, Sebastian Kress, Uta Miersch,
Tatjana Soslyute, Claudia Viehmann

Krippenspielsplitter

Theater „traumfänger"

Mit dem Theater „traumfänger" habe ich mir einmal die Weihnachtsgeschichte vorgenommen, und wir haben zu unterschiedlichen Abschnitten kleine und größere Bausteine entwickelt, die entweder genauso übernommen werden können oder die man beliebig erweitern und umbauen kann. Die Bruchstücke sind kein fertiges Krippenspiel, aber jeder einzelne Baustein kann schnell zu einem fertigen Stück werden. Setzt man alle Spielszenen einfach aneinander, so dauert das gesamte Stück schon in dieser Rohfassung ca. 30 Minuten. Sollte jemand Lust haben, sich an ein richtiges abendfüllendes Stück zu wagen, dann ist hier schon mal die Basis gelegt für ein einstündiges Theaterstück voller Spannung, Tragik und Witz.

Im Übrigen brauchen wir für das komplette Krippenspiel nur wenige Darsteller. Mit fünf Menschen geht das ganz entspannt.

Vom Bibeltext zu Spieltexten

Wie sind wir zu den Texten und Szenen gekommen? In einer ersten Probe haben wir uns mit dem Text aus dem Lukasevangelium beschäftigt. Wir haben zuerst einmal alle Handelnden herausgesucht. Auch die Menschen, die nicht näher beschrieben werden, die aber eine Rolle spielen. Z. B. heißt es in der Bibel: „… und legte ihn in eine Krippe; denn sie hatten sonst keinen Raum in der Herberge." Wenn man das so liest, wird klar, dass es im Krippenspiel Herbergswirte geben sollte. Folgende Personen lassen sich so finden:

Kaiser Augustus, Beamte, Herold, Soldaten, Quirinius, Volk, Jedermann, Hirten, Engel des Herrn, Jesus, Maria, Josef.

Bei Lukas fehlen einige Personen, die jedoch häufig in Krippenspielen zusätzlich vorkommen, zum Beispiel die Drei Könige oder der König Herodes.

In einem nächsten Schritt haben wir uns Gedanken über eine mögliche Dramaturgie gemacht:

Bild 1
Beim Kaiser Augustus im Palast. Die Idee der Volkszählung entsteht.

Bild 2
Auf dem Marktplatz in Nazareth. Ein Herold verkündet den Einwohnern den Beschluss des fernen Kaisers.

Bild 3
Josef kommt nach Hause zu seiner schwangeren Frau und verkündet ihr, dass sie sich auf den Weg nach Bethlehem begeben müssen. Denn sie sollen gezählt werden.

Bild 4
In einem x-beliebigen Haus in Nazareth muss sich die gesamte Familie nach Bethlehem aufmachen.

Bild 5
Maria und Josef sind unterwegs. Doch nicht nur sie. Eine große Volksmenge ist auf dem Weg nach Bethlehem.

Bild 6
Ankunft in Bethlehem. Alles ist besetzt. Letztendlich landen Maria und Josef im Stall.

Bild 7
Bei den Hirten auf dem Felde.

Bild 8
Bei den Engeln im Himmel, kurz vor ihrem wichtigen Auftritt.

Bild 9
Auf dem Weg zur Krippe.

So könnte eine Gesamtdramturgie aussehen. In einer späteren Phase haben wir unser Krippenspiel dann noch einmal umgestellt.

- Aufbruch
- Wirte
- Stall
- Engel
- Hirten

Eine eingeschobene Engelsszene, in der sich die Engel auf den großen Auftritt vorbereiten, und in einer nächsten Szene die Hirten auf dem Feld, die dann die Engel sehen, ohne dass die Engel auf der Bühne sind. Die Hirten sprechen dann den Verkündigungstext der Engel. Eine ganz reizvolle Variante, wenn man mit wenigen Darstellern auskommen muss.

Möchte man noch weitere Figuren aus den anderen Weihnachtsgeschichten mit ins Spiel bringen, bietet sich eine schöne Variante für die Drei Könige an: Die Drei Könige sind eine eigenständige Parallelgeschichte. Sie folgen einem Stern und tauchen immer wieder an unterschiedlichen Stellen in der Geschichte auf. Während die Könige durch die Gemeinde unterwegs sind und spielen, könnte die Bühne vorne umgebaut werden. Die Könige könnten Maria und Josef auch immer wieder einmal begegnen, ohne dass sie erkennen, wer da vor ihnen steht, oder irgendwann bei Nacht bei den Hirten über das Feld laufen. Der Stern könnte übrigens eine Laterne sein, die immer einer der Könige vor sich herträgt.

Doch zurück zu unserem Stück. Als Nächstes haben wir in längeren Improvisationsphasen Texte entwickelt. Alle Frauen waren eine Probe lang Maria und haben sich mit ihrer Situation auseinandergesetzt. Schwanger, beschwerliche Reise, die Sehnsucht nach einer Pause, keinen Platz in der Herberge – das waren Stichworte, um die herum kleine Texte entstanden sind. In Gesprächsphasen mit der Gruppe wurden dann Texte ergänzt und verworfen oder in andere Szenen verschoben. In einem ersten

Schritt haben alle Spielerinnen in der Rolle der Maria improvisiert. Später wurden einzelne Textbausteine aus diesen Improvisationen verschiedenen Figuren zugeordnet. So hat Tanja als Überbringerin der Nachricht, dass die gesamte Familie nun nach Bethlehem aufbrechen müsse, sämtliche Texte der anderen aus der Improvisation mit verarbeitet.

Für die Bruchstücke haben wir das Lukasevangelium in der Lutherübersetzung verwendet.

Lk 2,1–5

In irgendeiner Familie in Nazareth

Tanja Liebe Familie, ich war heute auf dem Marktplatz, und da war heute richtig was los. Der Herold war da in seiner vollen Montur, und die Fanfarenbläser haben ihn richtig angekündigt, damit nun mal alle aufmerksam sind, und dann hat er das Gebot des Kaiser Augustus verkündet. Nun, es geht darum, dass alle Menschen in ihre Geburtsstädte gehen müssen, um sich zählen zu lassen. Am Anfang hab ich mir so gedacht, dass man das mit euch allen zusammen ja nicht machen muss. Irgendwie kann man das doch so einfädeln, dass nur einer von der Familie hingehen muss da nach Bethlehem, aber die Soldaten haben schon mit schlagkräftigen Argumenten zu verstehen gegeben, dass wir nun mal alle hingehen müssen. Und wenn wir schon müssen, dann packen wir das richtig an, bereiten uns gut vor, nehmen unseren Esel, was zu essen und was zu trinken und sehen das als einen kleinen Familienausflug. Wir haben ja sowieso keine Wahl und ich bin zuversichtlich, dass wir das gut schaffen können. Unser Esel schafft das auch noch nach Bethlehem, obwohl er doch nicht mehr so ganz fit ist. Auf der anderen Seite muss ich euch sagen, dass die Solomons, die da die Straße runter wohnen, auch nach Bethlehem müssen … und wir sind doch schneller als die, oder?

Die Familie bricht auf

Inge Das ist doch klar, dass wir schneller sind wie Solomons.
Tanja Hm, auf jeden Fall!
Uta Genau! Wir nehmen den Esel … Wann müssen wir denn eigentlich los?
Tanja Hm, eigentlich gestern schon.
Uta So zu Fuß und dem … aaah …
Claudia Wir können doch am besten einfach zusammen mit den Solomons losziehen, weil dann können wir vielleicht von unserm Esel …
Uta Nein!
Tanja Nee, das geht nicht! Die werden bestimmt was dagegen haben.
Sebastian Wichtig ist doch vor allem, dass wir mal losgehen. Nicht dass wir am Ende noch mit den Soldaten oder am Ende sogar mit dem Kaiser noch Ärger kriegen.
Uta Genau. Und deshalb packen wir jetzt.
Tanja Ja, öhm …
Claudia Wir brauchen was zu trinken!
Uta Was zu trinken?
Inge Und ne Decke für jeden.
Uta Ne Decke?
Tanja Auch gut.
Uta Was zu essen, wir brauchen was zu essen. Genau.
Tanja Und überhaupt: Jeder packt so seine wichtigsten Sachen und trägt das mit sich, so ein kleines Päckchen, und Wasser und Essen und Decken packen wir – laden wir auf den Esel drauf.
Uta Aber nicht so viel, weil der linke Huf, das ist … also

vielleicht nur wenig und dann nehmen wir selber noch Wasser und Decken.

Claudia Und Anziehsachen zum Wechseln.

Tanja Ja, nur so viel, wie du tragen kannst.

Uta Genau. Nicht dass der arme Esel dann alles tragen muss. Und du trägst dein Wasser, damit du nicht verloren gehst, selber.

Claudia Was? Warum sollte ich denn verloren gehen?

Uta Nein, du gehst nicht verloren. Nur für den – nur für den Notfall. Nur für den Notfall.

Claudia Du hast gesagt, wir gehen alle zusammen los.

Uta Wir gehen zusammen los, und dann nimmt er dein Päckchen, und du gehst nicht verloren.

Die Familie ist unterwegs nach Bethlehem

Inge Jetzt sind wir schon tagelang unterwegs. Schon drei Tage und drei Nächte. Von Nazareth nach Bethlehem. Und es geht immer vorwärts, immer im Kreis, immer vorwärts. Und dabei hab ich so einen Durst. Und dann die Hitze am Tag und die Kälte in der Nacht, und wenn wir dann nachts lagern und die Tiere schreien, so ganz laut, das erschreckt mich. Und dann geht's wieder auf und weiter und immer im Kreis, immer im Kreis, nur vorwärts, jetzt noch zwei Tage und zwei Nächte, immer, immer, immer wieder im Kreis, immer wieder im Kreis.

Auch Maria und Josef sind unterwegs

Maria Einfach mal Pause machen… so anstrengend… doch mal ausruhen und nicht immer nur weiter und weiter und weiter, sondern mal hinsetzen und was Richtiges essen, was Warmes trinken, nicht immer weiter und weiter und weiter, sondern ausruhen, ausruhen und Pause machen. Und mal ausschlafen, mal richtig schlafen, nicht immer aufstehen, aufstehen und weiter und weiter ... mal hinsetzen und die Füße ausstrecken und was Frisches anziehen. Und nicht immer neben diesem dreckigen Esel schlafen ... einfach mal ... mal ausruhen und mal irgendwo ankommen.

Lk 2,6 + 7

Maria und Josef auf der Suche

Maria Josef! Hast du jetzt endlich einen Platz in der Herberge? Nein, natürlich nicht. Er ist einfach nicht hartnäckig genug. Ich weiß auch gar nicht, wie er sich das vorstellt. Man kann doch nicht tagelang unterwegs sein ohne eine vernünftige Raststätte. Na ja gut. Er hat ja auch nicht ganz so viel mit sich rumzutragen wie ich. Josef! Frag doch dann bitte beim nächsten Wirt! Ich frage mich ja auch, warum er nicht einfach direkt, als er von dieser Schätzung gehört hat, einen Brief zu sich nach Hause zu den Verwandten geschickt hat und einfach um ein Plätzchen zum Schlafen für uns gefragt hat. So schwer kann das ja wohl nicht sein. Aber nein, was ich nicht selber mache, wird gar nicht gemacht.

Maria und Josef sind im Stall angekommen

Josef Bin gleich wieder da, Maria. Ja, ich geh nur kurz Wasser holen. Bin gleich wieder da. Das Baby wird in der Zeit nicht kommen. Ich beeil mich auch. Ich bin gleich wieder da. Das ist alles so anstrengend im Moment. Ich weiß nicht mehr, was ich machen soll. Es ist einfach zu viel. Warum mussten wir auch noch zu dieser Volkszählung gehen? Mit meiner schwangeren Frau zusammen diesen beschwerlichen Weg. Als ob sie nicht schon genug leiden würde. Ich weiß einfach nicht mehr, was wir machen sollen. Ich hoffe, dass es bald vorbei ist und dann Maria nicht mehr so leidet. Seit Tagen geht's ihr schlecht. Hilfe kann ich hier auch von keinem mehr erwarten. Das letzte Mal, als ich hier war, ja, das letzte Mal waren wir nicht in dieser Krippe, in diesem Stall, zwischen dem ganzen Stroh. Meine Frau musste da auch kein Kind auf die Welt bringen. Das ist alles so schwierig. Ich hoffe, es ist einfach bald vorbei. Maria! Maria! Ich bin wieder da.

Die Engel bereiten ihren großen Auftritt vor

Und die Engel haben noch nicht mal die Chance zu verkündigen, denn unsere Szene würde zeitlich nach dem Einzug von Maria und Josef in den Stall und vor den Hirten auf dem Felde passen. Generell ist es nicht so ganz einfach, eine Szene für Engel zu entwickeln. Aus theaterpädagogischer Sicht sind die Spielerinnen gezwungen, den Engeln menschliche Züge zu verleihen, damit sie nicht wie Roboter wirken. Sie haben Gefühle und Aufgaben und eine eigene Geschichte. Es gibt Hierarchien, wichtigere und unwichtigere Engel. Das Wichtige bei aller Spiellust ist gerade bei Engeln: Keine religiösen Gefühle verletzen! Statt einer großen Engelschar arbeiten wir hier mit drei Engeln.

Wir haben uns in der Eingangsprobenphase mit Engelsdarstellungen aus der Kunst und dem Fantasybereich beschäftigt. Anhand der Bilder assoziiert jede Spielerin Eigenschaften für ihren Engel. In einer zweiten Phase hat jede Spielerin Assoziationen zum Zeitpunkt der eigenen Erschaffung als Engel, zur Tätigkeit und zu den eigenen Aufgaben am 24. Dezember aufgeschrieben. Hier einige Auszüge:

Engel Kiki
Erschaffungstag: nach den Menschen (ich bin ein Schutzengel)
Tätigkeit: Ich schlafe nie – ich bin immer auf der Suche nach Kindern, die ich trösten kann – ich mag Süßigkeiten, das reicht

zur Ernährung – ich wohne auf einer kleinen Schäfchenwolke, die ich manchmal aus den Augen verliere (kurz über Flugzeughöhe). Von meiner Sorte gibt es fünf … fünf Unsichtbare … glaubt man.
Aufgaben am 24. Dezember: Mitglied im Chor (für das Halleluja) – zur Stelle sein, um das Jesuskind zu trösten.

„Ich bin nervös, weil dieses Großereignis meinen Tagesplan durcheinanderwirft und keine Zeit bleibt, um das tägliche Soll an zu tröstenden Kindern zu erfüllen – vielleicht mäkelt das Jesuskind ja mehrfach – und was ist, wenn das Kind nicht getröstet werden muss? Nirgendwo in der Engelordnung steht, wie viel es wert ist, das Jesuskind zu trösten! Vielleicht ist das ja die Chance zum Aufstieg? Aber egal wen ich frage, alle ignorieren mich."

Engel Raphaela
Erschaffungstag: nach der Erschaffung der Sterne
Tätigkeit: Polieren der Sterne – Entwerfen von Mustern für zum Beispiel neue Pflanzen – braucht Ruhephasen, um Energie zu tanken – wohnt im Himmel in der großen Engelsstadt und hat Fechtstunden beim Engel Gabriel.
Aufgaben am 24. Dezember: Abstimmung der Engelgarderobe, Koordination und Dramaturgie des Auftritts und der Effekte.

„Ich bin aufgeregt, ich habe schließlich von ganz oben die Verantwortung für das ganze Projekt aufgetragen bekommen, und man hat mir bei der Gestaltung völlig freie Hand gelassen. Wichtig ist, dass kein Engel über sein Kostüm stolpert und dass mir ja keiner meine Inszenierung vermasselt, und die Unsichtbaren sind ein echtes Problem, denn da wo die stehen, ist immer nur eine Lücke zu sehen, aber die sollen halt auch mitmachen dürfen."

Engel Nahum
Erschaffungstag: Am siebten Tag, zur Entspannung für Gott, damit der sich ausruhen kann.
Tätigkeiten: Singen – Wellness – gibt Gesangsunterricht für be-

gabte Engel – hört sich gerne menschliche Gesänge an, um dann darüber lästern zu können. Er wohnt in der Engelsstadt im Palast Gottes, wo halt alle wichtigen Engel wohnen. Als Himmelsmusikdirektor und großer Solist steht ihm das ja auch zu.
Aufgaben am 24. Dezember: Ich bin für die Verkündigung auf dem Felde zuständig, in Vertretung Gottes.

„Ich habe Angst vor dem großen Auftritt, habe Fieber und mir ist übel, und vor lauter Heiserkeit kann ich nicht mehr singen. Letzten Endes tröstet mich der unsichtbare Engel."

Von diesen vielfältigen Informationen werden nur wenige im Stück verwendet. So bleibt zum Beispiel von den Assoziationen des Engels Kiki: „Ich bin ein Schutzengel. Ich bin immer auf der Suche nach Kindern, um sie zu trösten, und ich bin mir unsicher, wie das mit der Engelsordnung und dem Jesuskind ist".

In den einzelnen Charakterisierungen sind Konflikte schon vorprogrammiert: So wohnen zwei Engel in der Stadt und einer außerhalb. Ein Engel hat eigentlich eine andere Aufgabe und gar keine Lust, sich hier länger aufzuhalten, während die anderen beiden voller Lust in der Vorbereitung auf den großen Auftritt aufgehen.

Die anderen Informationen sind für die Spieler selbst wichtig. Durch sie erhalten sie Anhaltspunkte, wie sich ihr Engel in unterschiedlichen Situationen verhalten wird.

Nach einer Improvisationsphase der Engel stellen sich schnell der Ort und der Zeitpunkt heraus, an denen unsere Szene spielen soll. Es wird das Vorbereitungstreffen für den 24. Dezember sein. Mission: Engel auf dem Felde. Nach diesem Treffen gibt es noch die Generalprobe, und dann geht's auch schon los.

Lk 2,10–14

Mission: Engel auf dem Felde

Bühnen: Ein Tisch, mehrere Stühle, typische Sitzungssituation

Kiki Du kennst dich doch hier ein bisschen aus. Du kennst doch auch den Solisten.

Raphaela Nahum. Natürlich. Wer kennt den nicht?

Kiki Meinst du, du könntest mir ein Autogramm besorgen? Weil auf meiner Schäfchenwolke, also, hab ich schon das Poster aufgehängt und ich hab auch das Gesangbuch Nahums Hymnen. Aber das Autogramm fehlt mir noch.

Raphaela Ja, also weißt du, das Problem ist, der Gute ist so ein klein wenig launisch. Also, es kann natürlich auch sein, dass er geradezu begeistert ist, so einen großen Fan zu haben. Oder aber er ignoriert dich völlig. Aber ich kann's ja mal versuchen. – Nahum, mein Lieber!

Nahum Ja, Raphaela?

Raphaela Weißt du, da gibt es diesen kleinen unsichtbaren Schutzengel Kiki. Und die ist wirklich ein ganz großer und begeisterter Fan von dir. Und deshalb hätte sie gerne ein Autogramm.

Nahum Raphaela, du weißt doch, dass ich keine Autogramme gebe. Das ist total vergänglich. Autogramme zu geben, das ist unglaublich. Außerdem habe ich keine Zeit. Du weißt doch, was heute Abend ist.

Raphaela Ja, sicher. Aber weißt du, es ist ja auch so, du weißt doch sicher auch, dass ich bei den Inszenierungen immer meine Probleme mit diesem unsichtbaren Engel habe. Und wenn ich ihr jetzt einen Gefallen tue, müsste sie ja mir wiederum einen tun, und dann wäre das Ganze vielleicht einfacher zu handhaben.

Nahum Ich habe verdammt noch mal keine Zeit. Ich muss heute Abend für das Jesuskind singen und muss verkündigen, was das Zeug hält, und da kann ich mich jetzt nicht einfach mit solchen Autogrammkarten da rumdrücken, das kann nicht wahr sein! Also basta, aus, es gibt keine Autogramme. Und, ach ja, übrigens, wenn dieser Engel Kiki möchte, kann sie gerne in einer halben Stunde zu meiner Probe kommen.

Kiki Ich hab's gehört.

Raphaela Du kannst es ja nachher, denk ich, noch mal bei der Probe versuchen.

Kiki Aber ich kann nachher nicht! Ich hab noch was vor, weil ... ich hab heute ... also hier: Laut Engelordnung, laut Schutzengelordnung muss ich jeden Tag drei Kinder trösten. Ich hab heute aber erst zwei getröstet.

Raphaela Dann aber los, bevor er hier ist.

Kiki Ja, und deshalb muss ich gleich nach der Versammlung, gleich nach der Versammlung weg, und deshalb muss ich auch unbedingt wissen, wie lange die Versammlung ...

Nahum Entschuldigung! Könntet ihr mal bitte etwas ruhiger sein? Ich möchte gerne üben, ich habe Probe.

Raphaela Dann stell dir doch einfach vor, wir simulieren die Situation nachher, ja? Also, da werden dann auch die ganzen Hirten sein, die werden Angst haben und sich bewegen, und die ganzen Schafe, und dann, ja der weitere Hintergrund, das sind ja auch Geräusche, an die kannst du dich eigentlich schon gewöhnen.

Nahum Wehe, ich kann mich nicht konzentrieren. Das sag ich dir!

Kiki O je! Also wie lange dauert denn jetzt die Versammlung?

Raphaela Also, na ja, weißt du, das kann man ja nie so genau sagen. Ich meine, ähm, wir sind insgesamt, glaube ich, 20000 Engel und jetzt sind schon drei da. Und es geht erst los, wenn alle anwesend sind.

Kiki Ja, aber auf meinem Plan steht: große Versammlung – jetzt.

Raphaela Ja also, hm – das mit diesem Plan, der geht auch nur an die Engel raus, die nicht in der Stadt selbst wohnen, denn die Engel aus der Stadt, die sind ...

Nahum Du! Mir geht es nicht gut.

Raphaela Das heißt?

Nahum Mir geht es nicht gut. Falls du es noch nicht gehört hast, ich bin heiser. Ich habe Halsschmerzen und ich kann jetzt grade halt nicht singen.

Raphaela Du hast Lampenfieber!

Nahum Wie bitte? Ich Lampenfieber? Ich hatte in meinem ganzen Leben noch nie Lampenfieber, und ich hatte schon einige Auftritte gehabt. Ich bin einfach krank.

Raphaela Hast du denn diese Woche ausreichend deine Entspannungsübungen gemacht?

Nahum Natürlich nicht. Bei meinem Auftritt heute Abend, da muss ich alles geben. Ich musste proben, ich muss alles vorbereiten. Wie soll ich denn da meine Entspannungsübungen machen?

Raphaela Siehst du, da haben wir ja schon das Problem. Mach einfach einmal wieder deine Entspannungsübungen, und dann kommt das schon wieder… Wir waren…genau! Also, wie gesagt, die Engel in der Stadt, die bekommen gar nicht erst so einen Plan, denn sie sind alle etwas – äh – schwierig und behalten sowieso nichts. Zumindest nicht wenn wir unter uns sind. Ich meine, ganz anders sieht das natürlich aus, wenn Gott selbst dabei ist. Weißt du noch, damals bei der Schöpfung, da lief alles ganz geordnet ab, ein Tag nach dem andern, ein Ding nach dem andern wurde erschaffen. Direkt nach den Sternen wurde ich erschaffen, damit ich dann auf die Sterne achtgeben kann und dafür sorgen, dass das Licht immer richtig ist und dass die ordentlich poliert sind und dass da alles seine Ordnung hat.

Nahum Mir geht es immer noch nicht gut.

Raphaela Oh! Das ist jetzt nicht dein Ernst, oder? Ich meine, wir haben natürlich auch ausreichend Ersatz – so – bei dem einzigen Verkündigungsengel, den wir haben.

Kiki Der Chor! Der Chor kann auch verkündigen! Wir haben lange geübt, und wir können Halleluja.

Raphaela Na gut, natürlich. Chor, der sonst im Hintergrund steht macht sich auch gut bei der Verkündigung. Guck mal, wie das aussieht! Das wird perfekt! Ganz toll!

Kiki Halleluja!

Nahum Wer ist denn dieser Engel? Wer ist das denn, dieses Geschöpf? Das…

Kiki Wir können…wir können auch zweistimmig singen!

Nahum Können wir nicht bitte mal irgendwo hingehen wo wir mal in Ruhe unter vier Augen sprechen können? Ich will mich nicht immer von diesem Engel stören lassen! Lass uns gehen, in die Stadt, komm, da haben wir Ruhe, komm.

Raphaela Dieser Engel muss vielleicht deinen Part übernehmen, wenn du mich hier sitzen lässt.

Nahum Meinen Part?

Kiki Halleluja!

Nahum Was? Dieses elende Ding übernimmt nicht meinen Verkündigungsteil heute Abend!

Kiki Das ist aber ein bisschen viel! Denn dieses hier ist von allen 20000 Engeln der einzige, der hier ganz offensichtlich seinen Text gelernt hat. Und dazu kommt, dass ich eigentlich noch ganz viel Arbeit habe. Ich muss nämlich heute noch mindestens ein Kind auftreiben das ich trösten kann.

Raphaela Und stopp jetzt, ihr zwei! Das ist heute mein Abend. Ich bin dafür zuständig, dass das alles perfekt aussieht und abläuft. Und weder du noch der Chor werden diesen Abend ruinieren und meinen Ruf in den Schmutz ziehen.

Kiki Aber wenn ich hier heute Abend nicht rechtzeitig wegkomme, dann könnte es sein, dass ich vielleicht zufälligerweise nachher dafür sorgen muss, dass ich das Jesuskind trösten muss.

Raphaela Da brauchst du dir gar keine Sorgen zu machen. Wenn der Abend so katastrophal endet, wie er angefangen hat, hast du allen Grund dazu.

Bei den Hirten auf dem Feld

Für die Hirtenszene arbeiten wir mit fünf Darstellern. Dem Thema der Hirten haben wir uns mit Hilfe des Internets und von Bibellexika genähert. Was waren das für Menschen, wie haben sie gelebt?

In das Stück hineingenommen haben wir: Hirten, die ähnlich einer Bande organisiert sind. Ihre Aufgabe ist es, die Schafe zu hüten, die ihnen aber nicht gehören. Hirten haben keinen besonders guten Ruf. Sie gelten als hinterlistig, sie stinken, sie stehen auf der untersten gesellschaftlichen Stufe. Ihr Zuhause ist ihre Herde und ihre Kollegen. Dennoch haben sie Verantwortung für die Schafe, die sie vor wilden Tieren und vor Dieben verteidigen müssen. Ihr Umgangston ist rau und ihre Sitten im Umgang miteinander sind hart.

In unserem Stück haben wir sehr stark mit dieser Lebenssituation und mit der Bande gespielt. So ist einer der Hirten krank. Damit wird er zu einem nutzlosen Kollegen, der behandelt werden muss und bei dem die Hirten am Schluss sogar überlegen, ob sie ihn nicht den Wölfen ausliefern sollen. Der Zusammenhalt in der Gruppe wird von einem Chef organisiert. Es gibt den Nebenbuhler, denjenigen, der seinem Chef Honig um den Bart schmiert, um einen Vorteil zu erlangen, und es gibt den fürsorglichen Hirten, der in erster Linie die Tiere im Auge hat. Die Engel treten am Schluss nicht auf. Man kann überlegen, ob man die Erscheinung mit einem starken Scheinwerfer simuliert. Die Hirten sprechen den Engelstext stellvertretend.

Lk 2,8–14

Bühne: Ein stilisiertes Lager. Auch Gemeindemitglieder können Schafe spielen, aber dann muss man auch etwas mit den Schafen anstellen.

Inge Aaah. Aaah.
Sebastian Was ist denn los?
Inge Aaah!
Claudia Was Inge meint, ist: Sie hat immer noch Zahnschmerzen.
Inge Aaah!
Uta Das ist aber auch schlimm, weißt du. Als ich – als ich letztes Jahr diese Zahnschmerzen hatte, das war furchtbar! Ich konnte nichts essen, ich konnte wochenlang nichts essen. Und das, obwohl es da grade mal was Gutes zu essen gab.
Tanja Bei uns gab's was Gutes zu essen? Da dran kann ich mich gar nicht mehr erinnern.
Claudia O doch, das war das eine Mal, als das eine Schaf so schlimm verletzt war, dass wir dachten, wir schlachten es besser, bevor wir es mit rumschleppen.
Uta Wir mussten!
Claudia Ja. Nur, dass wir dann dem Herrn erzählt haben, das war der Wolf. Denkt dran: Es war der Wolf!
Sebastian Aber davon ist nichts mehr da. Es ist schon weg.
Claudia Ja, so ein Schaf hält jetzt auch nicht länger als ein Jahr.
Sebastian Ja, aber wir haben doch auch sonst nichts zu essen.
Claudia Wie? Es war doch erst vor zwei Tagen jemand beim Bäcker, um Brot zu holen.

Uta schleicht schuldbewusst weg – Claudia blickt erbost hinterher

Sebastian Ja, aber ich hab überall gesucht und nichts gefunden.
Uta Vielleicht sollten wir noch mal Schafe zählen. Eins, zwei…
Sebastian Es sind alle da, alle da und dahinten sind noch welche. Die haben wenigstens ein Dach überm Kopf. Die ste-

hen da unter so ein paar Bäumen, die anderen sind im Nassen, also nass, die Schafe. Nass.

Claudia Ja. Das halbe Jahr ist es nass, das halbe Jahr ist es kalt, und das ganze Jahr ist es ödend langweilig. Man kann sich doch nicht ständig über Sachen beschweren, mit denen man seit Jahren zu tun hat.

Sebastian Ja, aber wenn der große Benjamin kommt, dann...

Uta schluchzt.

Claudia Du sollst den Namen nicht aussprechen!

Sebastian Aber wenn der kommt, dann kriegen wir Ärger, weil die Schafe nass sind.

Tanja Ob die Schafe nass oder trocken sind, das ist egal. Aber für die drei Schafe, die wir letzten Monat verloren haben, für die kriegen wir Schläge, das sage ich euch.

Claudia Das ist allerdings sehr ungünstig.

Tanja Da müssen wir uns was einfallen lassen, wie wir ihn besänftigen können.

Claudia Apropos – hat eigentlich jemand noch mal was vom Eduard gehört? Also, der das Mal, bevor wir das mit dem Wolf erzählt haben, die Peitschenhiebe kassiert hat?

Inge Hm, hm. Der ist weg. Einfach weg.

Claudia Na, zumindest konnte er noch weglaufen.

Tanja Ja. Für die Arbeit, für den Lohn, da würde ich auch weglaufen, wenn ich könnte. Aber wir sollen uns vielleicht um Inge kümmern.

Inge Aua!

Claudia Da habe ich ja eine ganz tolle Methode gehört.

Tanja Na, wenn sie dir gefällt, da bin ich mal gespannt.

Claudia Und zwar: Man nimmt einen dünnen, aber starken Wollfaden und bindet das eine Ende feste um den schmerzenden Zahn und macht einen festen Knoten. Das andere Ende nimmt man und bindet es um ein

Schaf und macht wieder einen festen Knoten. Dann halten zwei Leute denjenigen mit den Zahnschmerzen ganz doll fest, und einer treibt das Schaf an. Und dann zieht das Schaf den Zahn aus dem Mund.

Tanja Tolle Idee. Wunderbar. Das ist ja gut.

Sebastian Soll ich ein Schaf suchen?

Tanja Ja, treib sie mal alle zusammen.

Uta Oh, alle – uah – nicht alle auf einmal!

Tanja Es muss stark und schnell sein.

Sebastian Kommt … kommt … na!

Uta Alle … die riechen so!

Tanja Müsstest du dich schon längst dran gewöhnt haben! Wir haben uns auch seit einem halben Jahr nicht mehr gewaschen. Wir riechen nicht besser als die Schafe. Und das stört niemanden. Alle sind dran gewöhnt.

Claudia Ja, aber vielleicht, wenn es wärmer ist, gehen wir dann doch mal wieder zum Fluss.

Sebastian Es sind alle da, und ich hab auch eins gefunden, was stark und schnell ist und es ist auch nicht nass. Das da, da!

Claudia Das ist auch immer das Allerwichtigste beim Zahnziehen, dass das Schaf trocken ist.

Sebastian Ja.

Claudia Jetzt müssen wir es schon noch irgendwie testen, ob das schnell und stark genug ist.

Tanja Ja, das stimmt.

Uta Ich lauf mit dem Schaf. Ich lauf mich warm. Lauf dich warm, Schaf!

Tanja Und was ist mit dem Schaf los?

Sebastian Vorsicht! Da vorne ist ein Wolf! Ich hab ihn gesehen: ein Wolf!

Claudia Ah, die Schafe!

Tanja Wir müssen die Schafe schützen.

Sebastian Da!

Claudia Wo?

Sebastian	Hinter dem Busch rechts, siehst du es nicht, da! Guck du auch mal, da!
Claudia	Also es bewegt sich was, aber ob das jetzt ein Wolf ist.
Tanja	Aber so, wie die Schafe unruhig sind…
Sebastian	Ja, und jetzt kommt er auch immer weiter vor. Der kommt auf uns zu.
Claudia	Na gut. Also, ähm, wir können uns dann jetzt entweder mit dem Wolf anlegen…
Tanja	…oder weglaufen.
Claudia	Nein, nicht weglaufen, oder wir geben ihm was anderes zu fressen als ein Schaf.
Tanja	Ja, ein Schaf können wir nicht mehr opfern, da kriegen wir Schläge und dann sind wir tot. Nee! Da müssen wir uns was einfallen lassen.
Claudia	Aber man könnte ja was anderes opfern.
Sebastian	Was denn?
Claudia	Was nicht so wichtiges.
Tanja	Jemanden, der nicht so fit ist und nicht mehr arbeiten kann vielleicht?
Claudia	Ja!… Inge! Du willst uns doch sicher bei dem Wolfsproblem helfen!
Inge	Hm, hm.
Tanja	Du bist doch immer so hilfsbereit.
Inge	Hm, hm.
Claudia	Und du weißt ja, wenn jetzt noch ein Schaf draufgeht, dann – ähm – dann bekommen wir alle Ärger und Schläge.
Inge	Hm, hm.
Claudia	Und deswegen reicht's ja, wenn du gefressen wirst.
Sebastian	Hier, guckt mal da oben, da oben, guck da! Da oben! Es ist so hell! Und es wird immer heller!
Claudia	Ah, das blendet ja richtig!
Tanja	Ja!
Inge	Und jetzt fängt der an zu reden: Fürchtet euch nicht!

Tanja	Das kann jeder sagen. Wieso sollen wir uns denn nicht fürchten? So was habe ich noch nie gesehen!
Claudia	Siehe, ich verkündige euch große Freude, die allem Volk widerfahren wird; denn euch ist heute der Heiland geboren, welcher ist Christus, der Herr, in der Stadt Davids.
Uta	Was für ne Stadt?
Tanja	In der Stadt Davids.
Claudia	Und das habt zum Zeichen: Ihr werdet finden das Kind in Windeln gewickelt und in einer Krippe liegen.
Uta	Da gehört so ein Kind nicht hin!
Inge	Guck mal, das wird als mehr! Wird immer heller! Wird immer heller!
Tanja	Jetzt singen sie auch noch.
Uta	Ehre sei Gott in der Höhe…
Claudia	Und Frieden auf Erden bei den Menschen seines Wohlgefallens.
Inge	Oh. Und jetzt sind sie weg.
Sebastian	Ich versteh das nicht! Was machen wir denn jetzt?
Claudia	Na, wir gehen mal nachsehen.
Uta	Vielleicht gibt's da was Leckeres zum Essen.
Sebastian	Wenn das Kind schon in der Krippe liegt? Da wollen die eher noch was von uns, so sieht's aus.
Tanja	Egal, wie es aussieht. Wir gehen da hin. Heute Nacht passiert hier nichts mehr. Kommt, wir gehen.

II

Gottesdienstspiele

Christa Böttcher

Der weite Weg nach Bethlehem

Idee: „Der weite Weg nach Bethlehem", ein Guckkasten-Adventskalender von Annegert Fuchshuber

Inhalt: Eine Schnecke hofft auf einen, der ihr die schwere Last des Unheils der Welt, das sie in ihrem langen Leben erfahren hat, abnimmt. Sie macht sich auf eine langen Weg und begegnet Menschen und Tieren, die sie mit ihrer Hoffnung auf einen, der alles heil macht ansteckt. In Bethlehem wird diese Hoffnung – ganz anders als erwartet – erfüllt.

Anzahl der Spielerinnen: 1 Sprecherin, 12 Spielerinnen, 4 Kita-Gruppen. Männerrollen können auch von Frauen gespielt werden. Es spielten: Erwachsene (Kita-Eltern) und Grundschulkinder.

Dauer des Stücks: ca. 35 Minuten
Dauer des Gottesdienstes: ca. 60 Minuten

Material: Ein aus Stellwänden und Sackleinen aufgebauter Stall, dessen Vorderwand aus einem braunen Tuch besteht, das das Innere des Stalls verdeckt. Das Tuch dient als Stalltür und wird auf den Boden fallen gelassen, wenn sich der Stall öffnet. Die typischen Kostüme, für jeden Gottesdienstbesucher eine Kerze, für jedes Kita-Kind einen Stern am Stab.

Zielgruppe: Familien mit Kita-Kindern

Personen: Sprecherin, Helix, die Schnecke, der Wolf, der Räuber, die Lahme, die alte Frau, das Hirtenmädchen mit dem Schaf, der Esel, der Stern, der Sterndeuterkönig, der Schreiber, Maria und Josef, 4 Wirte und Sternenhimmel, die vier Kita-Gruppen.

Wenn es sich ergibt, kann eine Kita-Mutter mit Säugling die Maria mit einem lebendigen Jesuskind spielen.

Hinweis: Die Kinder des Kindergartens kommen vor den ersten drei Adventssonntagen jeweils freitags in die Kirche zum Gottesdienst. Wir machen uns so jedes Jahr gemeinsam auf den Weg nach Weihnachten. Die Geschichte, die uns auf diesem Weg leitet, wird in diesen Gottesdiensten in ihren ersten drei Teilen erzählt.

Die Kinder sind bei dieser Geschichte bis zum Weihnachtsgottesdienst schon der Schnecke, dem Wolf, dem Räuber, der Lahmen, der alten Frau, dem Hirtenmädchen mit dem Schaf, dem Esel, dem Stern und dem Sterndeuterkönig begegnet. Bei jedem Gottesdienst nimmt jede Gruppe etwas mit in die Kita, was sie an die Geschichte erinnert.

1. Gottesdienst: Kästchen mit Schneckenhaus (Helix),
2. Gottesdienst: ein Kräutersäckchen (alte Frau),
3. Gottesdienst: Sternenflummies (Sterndeuterkönig).

Zum Weihnachtsgottesdienst sind die Familien eingeladen. Dieser Gottesdienst wird zusammen mit Eltern aus der Kita vorbereitet und gestaltet. Sie spielen zusammen mit Kindergottesdienstkindern die Geschichte, die Kita-Kinder werden dabei auch mit in das Spiel einbezogen. So wird es ein Gottesdienst, in dem viele engagiert und mit Herz und Seele dabei sind.

Gottesdienstentwurf Kindergarten

Orgelvorspiel / Einzug der Kinder

Lied: Ihr Kinderlein kommet, EG 43,1–4

Begrüßung durch die Leiterin der Kindertagesstätte
Begrüßung durch Paulchen (Handpuppe) und Christa

Die große Kumquats-Handpuppe Paulchen begleitet alle unsere Kita-Gottesdienste.

Paulchen Ui, heute ist die Kirche aber voll. So viele Leute!!! Euch Kita-Kinder kenne ich ja. Schön, dass ihr wieder da seid. Aber, Christa, wer sind die anderen alle?

Christa Die anderen, das sind die Mamas und die Papas und die Schwestern und die Brüder und die Omas und die Opas der Kinder. Du, ich glaube, die kennen dich auch noch nicht. Willst du dich nicht mal vorstellen?

Paulchen Ja, also: Hallo, ich bin Paulchen, und ich bin mit Christa und den Kindern und der Schnecke Helix auf dem Weg nach Weihnachten. Toll, dass ihr auch alle mitkommen wollt. Vielleicht finden wir heute schon ein bisschen Weihnachten. Oder, Christa? Du siehst heute ja auch schon so feierlich aus. Du hast dein Pfarrerinnenkleid an.

Christa Talar heißt das, Paulchen, Talar. Und du hast recht. Wir werden heute schon mit allen dahin gehen, wo es Weihnachten wird, dahin, wo der ankommt, auf den die Schnecke Helix und wir alle warten, den Heiland der Welt.

Paulchen Dann müssen wir aber auch wieder die Kerzen anzünden, die uns den Weg zeigen: die Kita-Kerze und die Kerzen am Adventskranz.

Christa Klar, das machen wir jetzt.

Kita-Kinder zünden die Kerzen an.

Lied: Wenn unsre Kerze brennt (Rolf Krenzer, Das große Liederbuch, Limburg 1988, ISBN 3-7840-3074-2, Nr. 88)

Votum: Noch nicht alle Kerzen brennen. Die Kerzen, die uns sagen, dass Gott jetzt bei uns ist, fehlen noch. Wer zündet die Kerze für Gott, den Vater, die blaue Kerze, an? Wer zündet die Kerze für Gott, den Sohn, die grüne Kerze, an? Wer zündet die Kerze für Gott, den Heiligen Geist, die rote Kerze an? *Kerzen anzünden* Wir schauen auf die Kerzen, wie sie leuchten und uns zeigen: Gott ist jetzt bei uns. In seinem Namen sind wir hier. Im Namen des Vaters und des Sohnes und des Heiligen Geistes. Amen.

Lied: Wir feiern in Gottes Namen (Peter Janssens, Meine Lieder, Augsburg 1992, ISBN 3-629-00060-6, S. 67)

Gebet: Wenn Gott bei uns ist, können wir mit ihm sprechen, zu ihm beten: Dazu falten wir die Hände, schließen vielleicht auch die Augen und werden ganz still, so dass wir alle den leisen Ton hören, der jetzt erklingt.

Klangschale

Lieber Gott, Weihnachten ist schon ganz nah. Wir freuen uns sehr darauf. Ein bisschen Weihnachten feiern wir heute schon. Hier in deiner Kirche. Die Kerzen leuchten, wir singen Lieder, wir sprechen mit dir und wir hoffen, dass du in unseren Herzen Weihnachten werden lässt. Dann sind wir froh und dankbar, dann müssen wir niemanden böse nennen und können uns mit allen vertragen. Amen.

Klangschale

Im Vorfeld haben drei Adventsgottesdienste stattgefunden, in denen der erste Teil der Geschichte bereits erzählt wurde. Dabei tauchten Gegenstände oder Kleidungsstücke auf, die nun die Spieler tragen oder benutzen.

Teil 1: Wem Helix bisher begegnet ist

Christa Liebe Kinder, heute sind ja zum ersten Mal auch eure Eltern und Geschwister und Omas und Opas in der Kirche. Die wissen noch gar nichts von dem weiten Weg, den Helix, unsere Schnecke, schon gegangen ist, um den zu finden, der ihr alle Last und ihre Angst abnimmt. Den Heiland der Welt will sie finden. Und wir müssen jetzt erst einmal allen erzählen, wen sie auf dem langen Weg und auf der Suche nach dem Heiland schon getroffen hat.

Die entsprechenden „Personen“ treten auf und verschwinden dann hinter der „Tür“ – einem Tuch im „Stall“.

Christa Schaut, da kommt Helix. Langsam, wie Schnecken sind, ist sie unterwegs. In der Nacht, in der die Sterne funkeln, läuft sie, denn sie sucht den großen Stern, der ihr den Weg zeigen will. Könnt ihr Kinder alle eure Sterne einmal hochheben und sie funkeln lassen, solange die Musik spielt. Wenn die Musik aus ist, legt die Sterne wieder aus der Hand

Alle Kita-Kinder haben einen Stern an einem Stab.

Christa Ihr erinnert euch: Zuerst ist Helix ihm begegnet.
Wolf tritt auf.
Wisst ihr, wer das ist? Richtig, es ist der Wolf. Er ist traurig. Die Menschen nennen ihn böse, weil er Schafe frisst, dabei essen sie selbst gern Lammbraten. Mit Helix will er den finden, der niemanden böse nennt.
Dann ist sie dem begegnet:
Räuber tritt auf.
Wisst ihr, wer das ist? Richtig, das ist der Räuber.

Räuber Ich bin traurig, weil ich nichts anderes gelernt habe als stehlen und weil sich alle vor mir fürchten. Ich habe keine Freunde. Ich will den finden, der sogar Räuber liebhat und zum Freund haben will.

Christa Dann ist Helix der begegnet:
Lahme tritt auf.
Wisst ihr, wer das ist? Richtig, das ist die Lahme.

Lahme Ich bin traurig, weil meine Beine krank sind. Ich will zum Heiland der Welt, damit ich wieder gesund werde. Helix meint aber, das noch größere Wunder wäre, wenn ich beim Heiland lernte, auch als Lahme ein glücklicher Mensch zu sein.

Christa Dann ist Helix ihr begegnet:
Die alte Frau tritt auf.
Wisst ihr, wer das ist? Richtig, das ist die alte Frau, die Kräuter sammelt. Die Kinder haben ihr „Hexe" hinterhergerufen: Hexe, Hexe, böse, alte Hexe.

Alte Frau Ich bin traurig, weil niemand sieht, was ich für wunderschöne, freundliche Augen habe, und dass ich mit meinen Händen und meinen Kräutern heilen kann. Ich will nach Bethlehem und will dem Heiland helfen, Menschen und Tiere zu heilen.

Christa Dann ist Helix ihr begegnet:
Hirtenmädchen mit Schaf tritt auf.
Wisst ihr, wer das ist? Richtig, das ist das Hirtenmädchen mit der Flöte und einem ihrer Schafe. Sie will mit Helix zum Heiland, weil der alle Angst und alle Finsternis wegnimmt. Dann braucht sie sich nicht mehr zu fürchten vor der Nacht und vor dem Wolf.

Christa Schließlich hat Helix noch ihn getroffen:
Esel tritt auf.
Wen? Na klar, den Esel. Alle nennen ihn dumm. Dummer Esel, sagen sie. Dabei ist er gutmütig und schleppt die Lasten für die Menschen. Helix fürchtet, dass sie auch den Heiland dumm nennen werden. Aber wer gutmütig ist und anderen hilft, ist alles andere als dumm. Unser Esel auch nicht. Er weiß, dass Helix auf dem richtigen Weg nach Bethlehem ist.

Christa Und dann, dann hat Helix ihn gesehen:
Stern kommt. Hellen Scheinwerfer auf ihn richten.
Ja, das ist der Stern, der ihr und allen anderen den richtigen Weg zeigen will. Haltet eure kleinen Sterne noch mal hoch und lasst sie funkeln.
Merkt ihr: Viel heller und strahlender als alle anderen Sterne ist der große Stern.

Stern stellt sich vor die Stalltür.
Und ganz zuletzt hat Helix noch den getroffen:
Der Sterndeuterkönig tritt auf.
Wisst ihr, wer das ist? Richtig, das ist der Sterndeuterkönig. Er schaut immer noch in die falsche Richtung.

Sterndeuterkönig Ich habe den Stern aus den Augen verloren. Er muss doch beim Palast in Jerusalem zu entdecken sein. Aber da ist er nicht.

Christa Schaut, er geht in die falsche Richtung. Helix aber geht nicht mit dem Sterndeuter zusammen zum Palast nach Jerusalem. Sie hat den Stern nicht mehr aus den Augen gelassen, und er hat sie vor die Tore des Städtchens Bethlehem geführt. Aber jetzt ist es Tag, der Stern verschwindet.

Teil 2

Ab hier ist die Geschichte den Kindern neu.

Christa Am Stadttor von Bethlehem sitzt ein Mann. Es ist einer der Schreiber des Kaisers in Rom, der für den Kaiser zählen soll, wie viele Untertanen er hat. Jeder, der nach Bethlehem hineinwill, muss sich in seine Liste eintragen lassen.

Schreiber Halt, keinen Schritt weiter! Hier ist Volkszählung. Bevor Sie hier hinein dürfen, muss ich Folgendes wissen: Was sind Sie von Beruf, welche Schuhgröße haben Sie, welche Kinderkrankheiten hatten Sie und wen wollen Sie hier in Bethlehem besuchen?

Helix schüttelt ihre Fühler.

Helix Schuhgröße, was für eine blöde Frage. Ich bin eine Schnecke und habe keine Füße. Und ich weiß nicht, wie der heißt, den ich suche.

Christa Aber, was soll sie jetzt sagen, wen sie besuchen will?

Helix Ich weiß nur, er ist der Heiland der Welt.

Schreiber Dann kann ich Sie nicht hereinlassen.

Christa Jetzt fällt der Schnecke die alte Weissagung ein.

Helix Moment mal, ich glaube, der, den ich suche, heißt: Wunderrat, Kraft, Held, Ewigvater, Friedefürst.

Schreiber Du redest Unsinn, so heißt doch kein Mensch!!! Nein, das hat dein Schneckengehirn sich ausgedacht. So kommst du hier nicht rein. So nicht!

Christa Und weil Volkszählen richtig anstrengend ist, schläft der Schreiber auf seinem Stuhl ein und schnarcht leise vor sich hin. Könnt ihr alle mal hören lassen, wie der Schreiber schnarcht? Da kriecht die Schnecke unbemerkt an dem schlafenden Schreiber hinein in die Stadt Bethlehem. In Bethlehem sind alle Straßen voll. Überall herrscht Gedränge. Überall suchen Menschen, die von weit her gekommen sind, ein Zimmer oder ein Dach über dem Kopf. Die Schnecke entdeckt auch eine junge Frau und ihren Mann im Gedränge. Die Frau erwartet ein Baby. Sie gehen von Gasthaus zu Gasthaus. Aber lasst uns sehen und singen, was da passiert. Dazu brauchen wir euch alle in den Bänken, singt jetzt kräftig mit, und als Erstes steht die Vogelgruppe auf:

Lied: Der Weg so weit (Rolf Krenzer/Detlev Jöcker)

Vogelgruppe steht auf.

Gemeinde Der Weg so weit, die Last so schwer! Wenn doch ein Gasthaus offen wär! Wir bitten still, lass uns doch ein! Das kleinste Zimmer kann es sein!

Vogelgruppe Nein! Nein! Nein! Es ist so spät. Ihr kommt erst jetzt. Das letzte Zimmer ist besetzt! Auch nicht das ärmste Kämmerlein! Nein! Nein! Nein!

Schmetterlingsgruppe steht auf.

Gemeinde Das Herz so schwer, die Not so groß. Bleibt doch nicht so erbarmungslos! Wir bitten still, lasst uns doch ein! Das kleinste Zimmer kann es sein!

Schmetterlingsgruppe Nein! Nein! Nein! Nach armen Leuten seht ihr aus! Und dies ist ein sehr nobles Haus. Nur erste Klasse, teuer, fein! Nein! Nein! Nein!

Häschengruppe steht auf.

Gemeinde Kein Herz! Kein Raum! Kein offnes Tor! Und die Geburt steht kurz bevor! Wir bitten still, lasst uns doch ein! Das kleinste Zimmer kann es sein.

Häschengruppe Nein! Nein! Nein! Sucht euch dafür dies Haus nicht aus! Das ist doch hier kein Krankenhaus. Hier geht's nicht! Seht ihr das nicht ein? Nein! Nein! Nein!

Bärengruppe steht auf.

Gemeinde Das Kind kommt bald! Kein Bett bereit! Warum ist Gott so weit, so weit? Vor Not und Leid nur stumm und still, weil uns hier keiner haben will.

Bärengruppe Kommt herein! Der alte Stall! Wär' der euch recht? Für's Erste gar nicht mal so schlecht, denn es bricht schon die Nacht herein! Tretet ein!

Maria und Josef ziehen hinter das Tuch in den Stall.

Helix Hoffentlich finden die beiden, bevor ihr Kind kommt, noch eine bessere Unterkunft als diesen armseligen Stall. Ich habe jetzt leider keine Zeit, mich um die beiden zu kümmern. Ich muss endlich den finden, den ich suche: den Heiland der Welt.

Helix zieht weiter. Sie sucht verzweifelt den Stern.

Christa Während Helix sucht, singen wir alle zusammen das Lied: „Stern über Bethlehem", dazu steht ihr Kinder alle auf, dreht euch um zur Gemeinde und haltet eure Sterne hoch.

Lied: Stern über Bethlehem, EG Hessen 542

Christa Erst als es Nacht wird, findet Helix unter all den vielen Sternen am Himmel den Stern wieder. Helix glaubt, sie sieht nicht richtig. Der Stern steht bei dem Stall, in den das Paar eingezogen ist. Da öffnet sich die Tür.

Das Tuch fällt. Beide Lichterketten gehen an. Alle außer dem Sterndeuterkönig gehen zum Stall.

Christa Helix sieht staunend den Mann und die Frau. Maria und Josef heißen sie. Die kennt sie ja schon. Aber da ist auch ein Kind. Das Kind ist zur Welt gekommen. Und weil Maria und Josef im Stall kein Bettchen für das Kind haben, legen sie es in die Futterkrippe. Helix sieht, dass alle anderen auch da sind: Der Wolf und die Lahme, die alte Frau, der Räuber und die Hirtin und das Schaf. Nur der Sterndeuterkönig hat den Weg noch nicht gefunden. Helix kriecht ganz nah an die Krippe. Jetzt wird sie endlich den Heiland der Welt finden. So lange ist sie gewandert. So weit war der Weg und so schwer die Last, die sie getragen hat. Der Heiland wird ihr jetzt alle Last abnehmen. Aber als sie das Kind sieht, erschrickt sie. Es ist so winzig klein und so hilflos. Wie sollt so ein kleines Kind ihr und allen anderen helfen können und ihr die Last und die Angst wegnehmen? Sie hatte ja gewusst, dass der Heiland kein Schloss haben würde. Aber sie dachte, er würde ganz aus Licht sein. Und jetzt war da nichts als ein ganz normales Baby. Wie Tausend andere Babys auf der Welt.

Helix Es war alles umsonst. Entschuldigt bitte. Ich habe euch falsche Hoffnungen gemacht. Hier ist nicht der, den ich suche und den ich euch versprochen habe.

Helix will wieder weggehen. Maria aber hat gerade das Baby wieder auf ihren Schoß genommen. Die Schnecke ist schon aus dem Stall herausgekrochen. Aber sie schaut sich jetzt noch einmal um.

Und da sieht das Kind die Schnecke an und lächelt.
Ruhige Musik – in die Musik gesprochen:

Christa In den Augen des Kindes ist so viel Liebe und so viel Kraft, dass es der Schnecke auf einmal ganz leicht ums Herz wird. Alle Last fällt von ihr ab. Ihr ist, als könnte sie fliegen. Sie hat keine Angst mehr, und obwohl es immer noch düster im Stall ist, scheint alles irgendwie hell und schön zu sein. Da weiß Helix:

Helix Er ist es! Das kleine Kind in der Futterkrippe ist wirklich der, den ich gesucht habe, der Heiland der Welt. Ich bin am Ziel.

Christa Und auch alle anderen spüren es. Der Wolf verträgt sich mit der Hirtin und dem Lamm und dem Esel. Der Räuber freundet sich mit der alten Frau an, und die beiden mögen sich. Die lahme Frau schwenkt ihren Stock und ist ganz fröhlich, auch wenn sie immer noch nicht schnell laufen kann. Und alle bedanken sich bei Helix, denn ohne Helix hätte sich niemand von ihnen auf den Weg zum Heiland der Welt gemacht. Und zum Schluss, ja zum Schluss findet sogar noch der Sterndeuter das Kind.

Sterndeuter kommt. Er liest aus dem dicken Buch der Bibel die alte Weissagung:

Sterndeuter Uns ist ein Kind geboren, ein Sohn ist uns gegeben. Und er ist der Herr der Welt. Er heißt: Wunderrat, Kraft, Held, Ewigvater, Friedefürst.

Musik, Ende

Christa Jetzt geschieht noch etwas: Es kommen noch ein paar Kinder zum Stall, und sie schenken dem Jesuskind, was sie im Kindergarten in der Adventszeit an die Schnecke und den weiten Weg nach Bethlehem immer wieder erinnert hat.

Kinder Wir schenken dem Jesuskind unsere Schneckenhäuser.

Vier Kinder bringen die Kästchen mit Schneckenhäusern zur Krippe.

Kinder Wir schenken dem Jesuskind die Kräutersäckchen.

Vier Kinder bringen die Kräutersäckchen zur Krippe.

Kinder Wir bringen die Sternenbälle.

Vier Kinder bringen die Sternenflummies zur Krippe.

Christa Gott schenkt uns den Heiland Jesus. Und wir sind dankbar und schenken ihm gute Gaben. Maria und Josef nennen ihr Kind, das Gottes Sohn ist, Jesus. Das heißt, Gott hilft. Und alle im Stall und in der Gemeinde und der ganze Sternenhimmel singen zusammen das Lied von dem Licht, das in die Welt kommt und das alle Menschen, die beim Kind in der Krippe froh geworden sind, von dort in die ganze Welt tragen sollen: Tragt in die Welt nun ein Licht.

Lied: Tragt in die Welt nun ein Licht, MKL 1,132

Leute aus dem Stall bringen den Gottesdienstbesuchern Licht in die Reihen.

Christa Der Heiland der Welt hat uns ein Gebet geschenkt, das Menschen in allen Ländern der Welt zusammen beten, die Armen und die Reichen, die Gesunden und die Kranken, die Fröhlichen und die Traurigen. Das wollen wir zum Schluss noch miteinander beten.

Vater unser im Himmel…

Segen: Gott segne euch und er behüte euch. Er schaue euch freundlich an, dann wird das Schwere leicht, und eure Tage werden hell und froh. Amen.

Lied: O du fröhliche, EG 44,1

Christa Böttcher

Gottesdienst im Stall

Der weite Weg nach Bethlehem

Idee: „Der weite Weg nach Bethlehem“, ein Guckkasten-Adventskalender von Annegert Fuchshuber

Inhalt: Eine Schnecke hofft auf einen, der ihr die schwere Last des Unheils der Welt, das sie in ihrem langen Leben erfahren hat, abnimmt. Sie macht sich auf einen langen Weg und begegnet Menschen und Tieren, dies sie mit ihrer Hoffnung auf einen, der alles heil macht, ansteckt. In Bethlehem wird diese Hoffnung – ganz anders als erwartet – erfüllt.

Zur Besonderheit des Gottesdienstes: Trotz zweier Familiengottesdienste mit Krippenspielen am Heiligen Abend konnte unsere Bierstadter Kirche die Menge der Besucher nicht fassen. Jedes Jahr mussten wir Menschen wegschicken und sie enttäuschen. Aus dieser Situation heraus entstand die Idee, den Familiengottesdienst an einen Ort zu verlegen, der mehr als tausend Besucher fasst und statt der Atmosphäre der Kirche die Atmosphäre des Stalls von Bethlehem schafft. Wir konnten die Besitzer eines Reitstalls gewinnen, uns für den Heiligen Abend die große Reithalle zur Verfügung zu stellen. Wir konnten viele Menschen aus der Gemeinde und aus ganz Bierstadt gewinnen, uns bei der Vorbereitung dieses großen Gottesdienstes zu unterstützen. Der Kindergottesdienst stellt mit der Unterstützung vieler Kindergottesdienstteamer, von 30–40 Kindern und von einigen jugendlichen und erwachsenen Mitspielern das Krippenspiel auf die Beine. Kreative ehrenamtliche Mitarbeiter und Mütter kümmern sich um die Kostüme und die Einkleidung der Kinder. Die Vereine leihen uns die Bänke ihrer Biertischgarnituren. Die Tierhalter stellen uns die lebenden Tiere zur Verfügung. Am Nachmittag und am

Abend vor Heilig Abend finden sich Menschen, die die Reithalle einrichten: Bänke stellen, den Altar errichten, Hirtenfeld, Stall, Engelberg, Gatter für die lebenden Tiere herrichten, einen Weihnachtsbaum schmücken, die Technik einrichten. Wir haben zur Zeit das Glück, dass ein Jugendteamer uns professionelle Licht- und Tontechnik zu einem Freundschaftspreis zur Verfügung stellt und zusammen mit anderen Jugendteamern bei der Generalprobe und im Gottesdienst die Technik bedient. Ein Posaunenchor und Musikgruppen aus der Gemeinde übernehmen die musikalische Gestaltung. Der Gottesdienst wird von Kindern, ehrenamtlichen Erwachsenen, Kirchenvorstehern, Kantor, Gemeindepädagogin, Pfarrerin und Pfarrer gemeinsam gehalten. Das Krippenspiel ist der Verkündigungsteil, es gibt keine gesonderte Predigt. Alle Mitspieler wissen um ihren Auftrag, die gute Nachricht in die Welt zu bringen.

Den Abbau direkt nach dem Gottesdienst übernimmt das Abbauteam, die Gottesdienstbesucher helfen mit, die Bänke abzuschlagen. So wird dieser Weihnachtsgottesdienst zu einem Ereignis, an dem ganz viele aktiv und verantwortlich beteiligt sind. Es ist erstaunlich und wunderbar, wie viele Menschen sich in der arbeitsintensiven Vorweihnachtszeit und am Heiligen Abend selbst dafür Zeit nehmen. Zum Gottesdienst kommen jedes Jahr über tausend Besucher.

Anzahl der Spieler: 30–50. Kinder, Jugendliche und Erwachsene. Männerrollen können auch von Frauen gespielt werden. Wenn möglich: lebende Tiere.

Dauer: 40 Minuten

Material: Ein Stall, ein Hirtenfeld mit einem Hirtenfeuer (künstlich wegen des Strohs im Reitstall), die üblichen Kostüme, eventuell ein Engelberg aus Strohballen, eventuell Gatter für die lebenden Tiere, Altar aus Strohballen. Lichttechnik und Tontechnik (mehrere Funkmikrofone, Musik zum Einspielen).

Zielgruppe: Weihnachtliche Gottesdienstgemeinde, Familien mit Kindern

Personen: Erzähler (bei uns waren es zwei), Volk (kann auch von Hirten, Wirten und anderen Spielern außer den Engeln gespielt werden), Fanfarenspieler, Herold, Josef, Maria, drei Wirte, Schnecke (bei uns waren es zwei Schnecken und eine Schneckenstimme), Prophetin (bei uns waren es zwei), Wolf, Wissenschaftler, lahme Frau, Hirtenmädchen Elena, Esel, Schreiber, Großer Stern, Kleine Sterne ohne Text, 1–8 Engel, Engel ohne Text, 1–7 Hirten, Hirten ohne Text, Sprecher des Schlusstextes (bei uns waren es Engel und andere Spieler); lebende Tiere: Esel, Schafe, Ziegen, Rind.

Hinweis: Da die Schnecke viel Text hat, wird sie von zwei Kindern in gleichem Schneckenkostüm und einem Jugendlichen (ganz in Schwarz gekleidet) als Schneckenstimme gespielt. Die drei treten immer zusammen auf.

Im Krippenspiel gibt es lebende Tiere: den Esel, Schafe und Ziegen und ein kleines Rind.

Gottesdienst im Stall

Vorspiel

Begrüßung

Andreas Seien Sie alle ganz herzlich willkommen geheißen zum Weihnachtsgottesdienst im Stall. Es ist ein ungewöhnlicher Ort für einen Gottesdienst, so ungewöhnlich wie der Stall in Bethlehem als Geburtsort des Gotteskindes. Sie hatten keinen Raum in der Herberge, heißt es von Maria und Josef. Sie hatten keinen Raum in der Kirche, heißt es für uns in Bierstadt am Heiligen Abend. So sind wir hier gelandet. Hier ist Raum für uns alle,

vielleicht nicht so feierlich wie in der Kirche, aber gerade hier will Gott uns ganz nahekommen. Wir feiern hier mit Gott. Wir feiern Gottes Kommen in die kalte, ungemütliche Welt. Wir feiern Gottes Licht im Dunkel, Gottes Friede mitten im Trubel. Wir feiern Gottes Kommen für alle, für Große und Kleine, für Fromme und Zweifler, für Menschen und Tiere. Ja, auch die lebenden Tiere feiern wieder mit uns.
Lasst uns nun von ganzem Herzen singen und beten, wie die Engel, wie die Hirten, wie die Kinder.
Wir singen:

Lied: Ihr Kinderlein kommet, EG 43,1+4

Votum

Andreas Wir feiern Gottesdienst im Namen des Vaters und des Sohnes und des Heiligen Geistes. Amen.

Schriftlesung Lukas 2

Sabine Es ist die Weihnachtsgeschichte, die uns hier zusammenführt. Die Worte des Evangelisten Lukas werden heute unzähligen Male und überall in der Welt vorgelesen. Sie bringen uns ins Zentrum, in die Mitte des Weihnachtsfestes. Sie helfen uns, Bethlehem und die große Freude, die Gott uns macht, jetzt und hier zu spüren. Hört die altvertrauten Worte: Lk 2,1–7 *(wird gelesen)*.

Gebet

Christa Jetzt bitte ich euch alle, ganz still zu werden. So still, dass wir die Maus im Stroh rascheln hören. Auch unsere Gedanken und unser Herz sollen jetzt ganz ruhig werden, weil wir ganz fest an Gott denken und mit ihm reden wollen.

Klangschale

Himmlischer Vater, es ist ein weiter Weg bis nach Bethlehem. Es ist ein weiter Weg hin zu Weihnachten. Es ist ein Weg, auf dem wir uns verirren können.

Manche machen sich gar nicht erst auf, und manche gehen los, aber kommen nicht an. Auch wir sind noch nicht angekommen. Wir bitten dich, hilf uns die letzten Schritte hin zu deinem Kind zu tun. Hilf uns, das Ziel zu finden: Dich, Gott, in einem kleinen Menschenkind. Dich, Gott, der du heute als Liebe in unseren Herzen geboren werden willst. Wir danken dir, dass du zu uns kommst und uns so reich beschenkst. Wir loben dich und beten dich an. Amen.

Lied: Herbei, o ihr Gläubigen, EG 45,1–3

Szene 1

1. Erzähler Ihr habt sie eben schon gehört, die Geschichte, die ihr jetzt seht. Wir wollen euch mit unserem Spiel mitnehmen auf den Weg nach Bethlehem, damit ihr alle da wirklich beim Heiland ankommt, bei dem, der euer Leben heil und froh machen will. Und vielleicht erkennt ihr euch und euer Leben in der einen oder anderen Szene unseres Spiels wieder. Bevor es losgeht, müssen wir euch noch etwas erklären: Wir gehen mit einer Schnecke nach Bethlehem. Das ist gut, denn dann kommen wir nicht aus der Puste und verlieren hoffentlich unterwegs niemanden von euch. Unsere Schnecke ist ein seltsames Wesen. Sie ist sozusagen eine Zwillingsschnecke, und sie hat neben ihren beiden Kinderstimmen auch noch eine dunkle Schneckenstimme. Kommt, macht euch mit uns und der Schnecke auf den weiten Weg nach Bethlehem.

Fanfarenstoß

Stimme aus dem Off Macht Platz für den Herold des Kaisers!

Herold Befehl des ruhmreichen Kaisers Augustus: Jeder Erwachsene hat seinen Geburtsort aufzusuchen. Jeder erwachsene Mann hat sich dort mit seiner Familie in die Steuerlisten eintragen zu lassen. Dem Befehl ist sofort Folge zu leisten. Lang lebe unser ruhmreicher Kaiser Augustus. *Fanfarenstoß, Herold geht ab. Volksgemurmel. Die Volksmenge zerstreut sich, Maria und Josef bleiben stehen.*

Maria Josef, das geht nicht! Wir können nicht nach Bethlehem! Jeden Tag kann mein Kind kommen!

Josef Maria, wir haben keine Wahl. Befehl ist Befehl. Wir müssen in meine Geburtsstadt Bethlehem.

Maria Aber wenn unser Kind unterwegs kommt – es ist ein weiter Weg durchs Gebirge!

Josef Hab keine Angst Maria. Denke an den Engel Gottes, der dir die Botschaft brachte – er wird uns begleiten und beschützen. Lass uns den Esel packen, wir müssen los.

Szene 2

1. Erzähler *spricht in eingespielte sphärische Musik.*
Auch jemand anderes macht sich in diesen Tagen auf den weiten Weg. Es ist eine Schnecke. Sie ist uralt und hat viel von der Welt gesehen. Sie kennt jede Falte der Erde und jedes Sandkorn der Wüste, und in ihrem Haus hört sie die Weltmeere rauschen. Sie hat in ihrem Leben so viel Unheil gesehen, dass sie es fast nicht mehr ertragen kann. Wie eine schwere Last liegt alles, was sie erlebt hat, auf ihr. Sie hofft auf einen, der ihr alle Last abnehmen kann. Sie fühlt ein unbekanntes Ziehen und beschließt, diesem Ziehen zu folgen. Langsam ist sie unterwegs. Schnecken sind langsam. Sie hat Zeit nachzudenken und erinnert sich:

Schneckenstimme Es gibt eine alte Weissagung, dass unter einem neuen Stern das Heil der Welt geboren wird.

Prophetin Mache dich auf, werde Licht, denn dein Licht kommt. Finsternis bedeckt die Erde, Dunkel die Völker, aber über dir leuchtet Gott, der Herr. Er stellt dein Leben unter einen guten Stern.

Schnecke Ich muss es finden – das Heil der Welt.

Musik ausblenden.

2. Erzähler Plötzlich stellt sich der Schnecke ein Wolf in den Weg mit glühenden Augen und struppigem Fell und scharfen Zähnen. Er knurrt die Schnecke an. Die aber erschrickt nicht und fürchtet sich nicht.

Wolf He, du! Hast du keine Angst vor mir?

Schnecke Warum sollte ich vor dir Angst haben?

Wolf Weil ich böse bin.

Schnecke Wer sagt das?

Wolf Die Menschen!

Schnecke Warum sagen die Menschen das?

Wolf Weil ich ihre Schafe fresse.

Schnecke Wozu brauchen die Menschen Schafe?

Wolf Sie wollen sie selber fressen.

Schnecke Ach, das ist interessant! Sie nennen dich böse, weil du das Gleiche tust wie sie?

Wolf So genau habe ich mir das noch gar nicht überlegt, aber es scheint so zu sein.

Schnecke Dann bist du nicht böser als die Menschen.

Wolf Du meinst, sie haben kein Recht, mich böse zu nennen?

Schnecke Niemand hat das Recht, einen anderen böse zu nennen!

Wolf Aber was kann ich tun, dass sie mich nicht mehr hassen?

Schnecke Niemand kann etwas dagegen tun.

Schneckenstimme Ich weiß, dass bald einer geboren wird, der alle Menschen liebt und ihnen das Heil bringen will. Und sie werden ihn trotzdem hassen und am Ende sogar töten.

Wolf Wer ist das?

Schneckenstimme Einer, auf den ich schon lange warte. Ich fühle, dass er kommt, dass er unter einem guten Stern geboren wird. Und ich gehe und bringe ihm die ganze Not der Welt.

Wolf Ich gehe auch. Ich werde ihn finden und vor den bösen Menschen schützen.

Schnecke Niemand hat das Recht, einen anderen böse zu nennen!

Schnecke ab.

Prophetin Das verspricht Gott: Wenn das Heil der Welt kommt, werden Wölfe und Lämmer friedlich zusammen weiden, und ein kleines Kind kann sie hüten.

2. Erzähler Freu dich, Mensch und Tier. Freu dich, Erd und Sternenzelt. Gottes Sohn kommt in die Welt. Das singen wir alle zusammen.

Lied: Freu dich, Erd und Sternenzelt, EG 47,1+4

Szene 3

2. Erzähler Weiter zieht die Schnecke. Immer dem Reißen ihres Fußes nach. Da fühlt sie sich auf einmal beobachtet!

Wissenschaftler *beguckt die Schnecke durch eine große Lupe.* Ah…eine Helix Pomatica, ein seltenes Exemplar der Sorte Antiqua!

Schnecke Was erlauben Sie sich, mich so anzustarren?

Wissenschaftler Ich bin Wissenschaftler und erforsche die Lebensgewohnheiten der Helix Pomatica. Deshalb muss ich sie studieren und etikettieren und notfalls sezieren.

Schnecke Macht Sie das glücklich?

Wissenschaftler Dumme Frage! Es geht nicht um mein Glück, sondern um das Heil der Welt.

Schnecke Ich suche das Heil anderswo. Darf ich Sie noch etwas fragen?

Wissenschaftler Frag nur! Von mir kannst du viel lernen!

Schnecke Wenn Ihre Frau Sie zum Essen ruft, ruft sie dann Homo sapiens?

Wissenschaftler Dumme Frage! Natürlich ruft sie Taddäus. Warum fragst du?

Schnecke Weil ich glaube, dass auch Sie nicht allein von der Wissenschaft leben können.

Schneckenstimme Weil ein bisschen Streicheln, eine warme Suppe, ein freundliches Wort oft wichtiger sind als alle lateinischen Ausdrücke.

Schnecke Und jetzt muss ich gehen. Ich habe noch einen weiten Weg.

Wissenschaftler Wo willst du denn hin?

Schnecke Ich gehe zu dem, der meinen wirklichen Namen kennt. Tschüs, Taddäus!!

Prophetin So spricht Gott: Fürchte dich nicht. Ich rufe dich bei deinem Namen. Du gehörst zu mir.

Szene 4

Eine Frau mit Stock humpelt auf die Schnecke zu.

Lahme He, wohin so eilig? Wir zwei passen gut zusammen. Du mit deinem Kriechfuß und ich mit meinen Krücken! Wir taugen doch beide nichts.

Schnecke Wieso? Wie meinst du das?

Lahme Ich bin lahm und du bist auch nicht schneller, so meine ich das!

Schnecke Du denkst, man ist nur etwas wert, wenn man schnell laufen kann?

Lahme Genauso meine ich es.

2. Erzähler Die Schnecke schaut die lahme Frau lange und ruhig an.

Schneckenstimme Na ja, zum Schnelllaufen bist du wohl nicht geeignet. Aber vielleicht kannst du Geschichten erzählen oder schöne Bilder malen oder traurige Kinder trösten oder Flöte spielen, oder …

Lahme Hör auf! Was dir alles einfällt! ... Aber vielleicht hast du ja recht. Bisher habe ich nur gesehen, was ich nicht kann! Was ich kann, habe ich mir noch gar nicht überlegt.

Schnecke Das tun viele. Mir geht es auch manchmal so.

Schneckenstimme Seit ich unterwegs bin, frage ich mich oft, warum ich so langsam sein muss. Am liebsten wäre ich ein Adler und könnte fliegen. Aber weil das nicht geht, muss ich mich doch besinnen auf das, was ich wirklich kann.

Lahme Wohin bist du unterwegs?

Schnecke Ich suche den Erlöser, der alles Leid der Welt auf sich nehmen wird.

Lahme Sag mir den Weg. Da muss ich auch hin. Ich werde ihn bitten, dass ich nicht mehr lahm sein muss.

Schneckenstimme Du könntest ihn auch um ein Wunder bitten. Du könntest ihn bitten, dass er dich lehrt, auch als Lahme ein glücklicher Mensch zu sein.

Szene 5

Hirten auf dem Feld. Ein Hirte zündet das Feuer an. Sie legen sich zum Schlafen. Licht auf Hirtenmädchen. Schnecke und Schneckenstimme kommen von der Krippenseite.

2. Erzähler Spät in der Nacht sind noch Hirten unterwegs. Sie haben ihre Schafe versorgt. Jetzt sind sie müde. Sie zünden ein Feuer an, wärmen sich ihre kalten Hände, und dann legen sie sich einer nach dem anderen schlafen. Nur ein kleines Hirtenmädchen sitzt noch am Feuer, wacht und spielt auf seiner Flöte eine traurige Melodie. *Entweder das Hirtenmädchen spielt live oder Flötenmelodie einspielen.* Die Schnecke kriecht langsam darauf zu.

Schnecke Warum spielst du mitten in der Nacht auf deiner Flöte? Und warum ist dein Lied so traurig?

Hirtin Weil ich Angst habe.

Schnecke Wovor hast du Angst?

Hirtin Vor der Dunkelheit und vor dem Wolf.

Schnecke Den Wolf schreckt deine Flöte nicht. Und vor der Dunkelheit musst du dich nicht mehr lange fürchten.

Schneckenstimme Bald wird ein Stern aufgehen, und dann wird einer geboren, der die Finsternis besiegt.

Hirtin Das verstehe ich nicht.

Schnecke Ich auch nicht.

Schneckenstimme Es ist die uralte Weissagung. Sie ist schwer zu begreifen. Aber wenn ich daran denke, habe ich keine Angst mehr.

Hirtin Fürchtest du dich auch?

Schnecke Die ganze Welt macht mir Angst. Wenn nur der bald käme, der uns hilft!

Hirtin Meinst du, dass er auch zu mir kommt?

Schnecke Gegen den Wolf musst du dir selber helfen, aber Angst und Dunkelheit wird er besiegen.

Prophetin Das Volk, das im Dunkeln wandelt, sieht ein großes Licht. Und über denen, die im finstern Land wohnen, scheint es hell. Denn uns wird ein Kind geboren, ein Sohn wird uns gegeben. Und die Herrschaft ist auf seiner Schulter.

2. Erzähler Da nimmt das Mädchen seine Flöte und spielt, und sein Lied klingt schon ein bisschen fröhlicher.
Flötenmusik

Szene 6

Stern und kleine Sterne kommen vom Altar her.

1. Erzähler Die Schnecke zieht weiter… Da sieht sie ihn.

Stern kommt hinter dem Altar hervor, Licht auf Stern. Hell und strahlend steigt der Stern über den Horizont.
Die Finsternis bekommt einen Riss.

Stern Hier ist Licht, hier ist Trost, hier ist Hoffnung.
1. Erzähler Die Schnecke sieht wohl, dass es noch lange bis zum Ziel unter dem Stern dauern wird. Aber er ist da und wird ihr von nun an Kraft geben.
Schnecke Ich komme!

Szene 7

Esel tritt auf.

2. Erzähler Am Wegrand grast ein Esel still vor sich hin. Die Schnecke kriecht langsam auf ihn zu.
Schnecke He, du! Kannst du mir sagen, ob das der Weg nach Bethlehem ist?
Esel Mich darfst du nicht fragen. Ich bin dumm.
Schnecke Wer sagt, dass du dumm bist?
Esel Die Menschen.
Schnecke Glaubst du alles, was die Menschen sagen?
Esel Warum sollten sie lügen?
Schnecke Sie müssen ja nicht gleich lügen, aber sie können sich doch auch mal irren!
Esel Sie sagen es ständig. Ich höre nichts anderes als dummer Esel!
Schnecke Was glaubst du, woran das liegt?
Esel Vielleicht finden sie es dumm, dass ich immer für sie arbeite und dass ich mir alle Last aufladen lasse, ohne zu murren.
Schneckenstimme Dann verwechseln die Menschen Dummheit mit Gutmütigkeit. Ich habe schon gehört, dass auch gute Menschen dumm genannt und verachtet werden.

Esel Wenn du meinst, dass ich nicht dumm bin, sondern gutmütig, dann sollte ich dir verraten, dass das wirklich der Weg nach Bethlehem ist. Aber was suchst du dort?

Schnecke Das ist gar nicht so einfach.

Schneckenstimme Ich suche dort das Heil der Welt. Bevor ich mit dir geredet habe, war ich sicher, ich würde einen finden, vor dem sich die ganze Welt verneigt. Aber jetzt meine ich, er ist ein bisschen wie du. Und ich habe Angst, die Welt wird auch ihn nur dumm nennen.

Schnecke zieht weiter. Esel schaut noch hinterher und geht dann ab.

Lied: Stern über Bethlehem, EG Hessen 542,1

Szene 8

2. Erzähler Vor den ersten Häusern von Bethlehem sitzt einer auf einem Stuhl und döst vor sich hin. Er hat eine lange Liste auf den Knien liegen und eine Schreibfeder in der Hand. Es ist einer der Schreiber des Kaisers in Rom, die die Volkszählung durchführen sollen.

Als die Schnecke an ihm vorbei will, wacht er auf.

Schreiber Halt! Keinen Schritt weiter! Hier ist eine Volkszählung. Ich brauche Ihre Daten: Beruf, Zweck Ihres Besuchs, Schuhgröße, Kinderkrankheiten und das Datum Ihrer Abreise. Also: Wen wollen Sie besuchen?

Schnecke Ich weiß nicht, wie er heißt!

Schreiber Wie? Das wissen Sie nicht? Dann kann ich Sie nicht in die Stadt lassen!

2. Erzähler Verzweifelt überlegt die Schnecke. Hatte nicht einer der Propheten in der alten Weissagung den Namen des Erlösers genannt?

Schnecke Ich hab's! Er heißt: Wunderrat, Kraft, Held, Ewigvater, Friedefürst!

Schreiber Das soll ein Name sein? So heißt doch kein Mensch. Nein, so kommen Sie nicht nach Bethlehem, so nicht!

2. Erzähler Er schließt die Augen zum Zeichen, dass er mit dieser verrückten Besucherin fertig ist. Und weil Volkszählen so sehr anstrengt, schläft er wieder ein. Als die Schnecke ihn leise schnarchen hört, kriecht sie unbemerkt nach Bethlehem hinein.

Prophetin Ein Kind wird uns geboren. Ein Sohn wird uns gegeben. Und die Herrschaft ist auf seiner Schulter, und er heißt: Wunderrat, Kraft, Held, Ewigvater, Friedefürst.

Szene 9

Maria und Josef mit Esel ziehen vom Eingang her durch die Gänge los.

1. Erzähler Die Schnecke irrt durch Bethlehem, durch die unbekannten Straßen, die von den vielen Menschen, die zur Volkszählung gekommen sind, überfüllt sind. Sie sieht viele verschlossene Türen und viele verschlossene Gesichter.

Schnecke und Schneckenstimme laufen ab hier mit Maria und Josef und beobachten Maria und Josef.

Dann sieht die Schnecke ein junges Paar mit einem Esel, das wohl auch gerade erst ankommt. Die Frau ist schwanger und sieht müde aus. Sie sind auf der Suche nach einer Unterkunft für die Nacht.

Maria Josef, ich kann nicht mehr. Wir brauchen ein Zimmer. Das Kind will zur Welt.

Josef Komm, Maria, wir haben's gleich geschafft. Ich sehe da vorne ein Gasthausschild.

Maria Gasthaus „Zum störrischen Esel". Das passt ja zu unserem Grauen. Klopf an, Josef!

1. Wirtin Was ist das für ein Spektakel mitten in der Nacht. Was wollt ihr?

Josef	Ein Zimmer für uns und einen Platz für unseren Esel!
1. Wirtin	Was, Esel? Wir haben schon keinen Platz für Menschen, wo sollen wir da noch euer Viehzeug unterbringen. Nein, hier nicht! Seht, dass ihr weiter kommt.
1. Erzähler	Sie gehen weiter. Im Gasthaus „Zum glänzenden Heller“ brennt kein Licht mehr.
2. Wirt	Seid ihr wahnsinnig, mich mitten in der Nacht aus dem Bett zu holen. Was wollt ihr?
Maria	Ein Zimmer, bitte! Unser Kind kommt heute Nacht!
2. Wirt	Das fehlt mir gerade noch. Eine Geburt in meinem feinen Haus. Und leisten könnt ihr euch ein Zimmer bei mir auch nicht! Geht weiter!
1. Erzähler	Am anderen Ende von Bethlehem finden sie noch ein kleines Gasthaus. Zur letzten Laterne heißt es.
3. Wirtin	Wo kommt ihr denn so spät noch her?
Josef	Meine Frau erwartet ein Kind. Wir konnten nicht so schnell laufen. Habt ihr vielleicht noch ein Zimmer für uns?
3. Wirtin	Tut mir leid. Bei mir ist alles voll bis unters Dach. Hier passt keine Maus mehr rein.
Maria	Was sollen wir nur machen? Soll das Kind auf der Straße zur Welt kommen?
3. Wirtin	Hm, hm! Wartet mal. Ich hab da eine Idee. Da hinten haben wir noch den alten Stall. Den könnt ihr haben, wenn er euch gut genug ist.
Josef	Das ist besser als nichts, und unsern Esel können wir da auch unterstellen. Maria, was meinst du?
Maria	Wir nehmen den Stall. Gott steh uns bei!
1. Erzähler	Die Wirtin zeigt Maria und Josef den Stall. Die beiden richten sich mit ihrem Esel so gut es geht ein. Die Schnecke steht unterdessen an der Stalltür. Sie hat alles beobachtet.
Schnecke	Ach, die Armen! Sie tun mir leid. Hoffentlich kommt das Kind erst, wenn sie eine bessere Unterkunft gefunden haben. Ich kann mich jetzt nicht darum kümmern.

Schneckenstimme Ich muss den Stern suchen. Es wird schon dunkel. Bald wird er erscheinen. Dann werde ich den Heiland finden. Er wird den beiden sicher besser helfen als so eine kleine Schnecke wie ich.

1. Erzähler Mitten in der Nacht in einem armseligen Stall in der Kälte geschieht ein Wunder. Es ist als ob eine Blume mitten im Winter erblüht. Wir singen alle zusammen:

Lied: Es ist ein Ros entsprungen, EG 30,1–3

Szene 10

1. Erzähler In dem Stall hat die junge Frau ihr Kind zur Welt gebracht. Josef legt es die Futterkrippe, weil sie kein anderes Bett für das Kleine haben. Und während die Schnecke immer noch nach dem Stern Ausschau hält, geschieht draußen bei den Hirten im Feld, die die Schafe hüten, Seltsames: Die Hirten, müde von der Arbeit, schlafen wieder am Feuer. Plötzlich wird es mitten in der Nacht ganz hell. Und dann sieht man Gestalten und hört Musik und Stimmen:

Engel kommen durch die Gänge

1. Engel Wacht auf und schlaft nicht mehr hier draußen bei den Schafen.

2. Engel Geboren ist der Herr! Das dürft ihr nicht verschlafen!

3. Engel Wacht auf und schlaft nicht mehr hier draußen bei der Herde.

4. Engel Geboren ist der Herr des Himmels und der Erde!

5. Engel Lauft, lauft zum Stall geschwind. Ihr findet Gottes Kind.

6. Engel Wacht auf und schlaft nicht mehr, dass allen kund es werde:

7. Engel Geboren ist der Herr. Sein Licht geht um die Erde!

1. Hirte Was ist das?

2. Hirte Ist das ein Traum? Oder ist das wirklich?

8. Engel Fürchtet euch nicht. Wir verkünden euch eine große Freude. Euch ist heute der Heiland geboren. Es ist Jesus Christus, der Herr der Welt. Geht nach Bethlehem. Dort werdet ihr ein Kind finden. Es ist in Windeln gewickelt und liegt in einer Krippe.

Lied: Vom Himmel hoch, EG 24,1

2. Erzähler Wir stimmen alle in den Gesang der Engel ein. Wir singen zusammen die 2. und die 5. Strophe des Liedes „Vom Himmel hoch“:

Lied: Vom Himmel hoch, EG 24,2+5

3. Hirte Es sind Engel. Es sind ganz bestimmt Engel. Sie haben eine Botschaft von Gott, für uns!

4. Hirte Das glaube ich nicht! Engel gibt's doch nicht in echt.

2. Erzähler Das Hirtenmädchen aber erinnert sich an sein Gespräch mit der Schnecke. Es nimmt seine Flöte fest in die Hand.

Hirtin Er ist da, der die Angst und die Dunkelheit besiegt. Die Schnecke hatte recht. Kommt, lasst uns zum Stall gehen. Ich will ihn sehen.

1. Hirte Was meinst du? Wen willst du sehen?

Hirtin Den Heiland der Welt.

2. Hirte Du meinst, er ist wirklich da? Der, auf den wir schon so lange warten?

5. Hirte Der, der Arme liebt, der Traurige froh macht und Gefangenen die Freiheit gibt?

Hirtin Ja, packt etwas ein: ein Brot, ein Fell, ein Licht. Kommt, wir gehen nach Bethlehem. Ich will sehen, was da geschehen ist.

5. Hirte Meint ihr wirklich, der Heiland der Welt, der große Erlöser, braucht so arme Geschenke wie unsere?

4. Hirte Na ja, wenn er doch noch ein Kind ist, wie die Engel gesagt haben, dann kann ihn das Fell wärmen, und ein Licht kann nie schaden.

5. Hirte Und was soll das Kind mit dem Brot?
4. Hirte Das ist für die Eltern, die brauchen jetzt Kraft.
Hirtin Lara Quatscht nicht so dumm rum. Geschenke sind immer gut.
Hirtin Jennifer Wir müssen los, sonst verpassen wir noch was Wichtiges.
Engel Sophia Stärkt die müden Hände. Sagt den ängstlichen Herzen: Fürchtet euch nicht. Seht, euer Gott kommt.
Engel Lisanne Dann werden Blinde sehen und Lahme gehen, Taube werden hören und Arme werden das Glück finden. Das ist die frohe Botschaft von Gott.
1. Erzähler Wir begleiten die Engel und die Hirten auf ihrem Weg mit dem Lied „Hört der Engel helle Lieder“.

Lied: Hört der Engel helle Lieder, EG 54,1–3

Während des Liedes: Engel ziehen zum Engelberg. Sophia und Lisanne gehen mit zur Krippe. Hirten nehmen Brot, Felle, Lampen und ziehen mit den lebenden Schafen Richtung Krippe. Alle anderen Spieler gehen ebenfalls zur Krippe.

Szene 11

Schnecke und Schneckenstimme treten am Hirtenfeld auf und entdecken den Stern über der Krippe.

1. Erzähler Jetzt hat die kleine Schnecke den Stern entdeckt. Er steht bei dem Stall, in den das junge Paar geschickt worden war.
Schnecke Oh, wie dumm war ich!
Schneckenstimme Hier war ich doch schon. Ich wusste, dass der Heiland kommen würde, um den armen Leuten zu helfen. Jetzt werde ich finden, was ich suche.
Maria Kommt herein. Wir haben nicht viel. Aber Platz ist noch im kleinsten Stall. Ihr seid willkommen!
1. Erzähler Die Schnecke geht vorsichtig in den Stall. Sie schaut sich um. Alle, die hier im Stall sind, kennt sie doch

schon. Da ist: der Wolf, die lahme Frau, der Wissenschaftler und der Esel. Sogar der Schreiber ist da, der Herold und alle Wirte. Sie stehen friedlich zusammen und haben Freundschaft geschlossen.

Schnecke Wo ist er denn jetzt, der Heiland der Welt?

1. Erzähler Da merkt sie, dass alle andächtig auf das neugeborene Kind schauen. Stimmt! Das Kind, das kennt sie noch nicht. Sollte das Kind…??? Als die Schnecke aber das Kind genau ansieht, das da in einer Futtekrippe liegt, erschrickt sie. So ärmlich, so alltäglich sollte der König der Welt aussehen? Sicher, sie hatte gewusst, dass er kein Schloss braucht, dass er schutzlos und klein sein würde, aber sie hatte geglaubt, er würde ganz aus Licht sein, ganz strahlende Helligkeit. Und hier ist nichts als ein dunkler Stall, den nur der Stern erhellt und ein Säugling, wie es Tausend andere auf der Welt gibt.

Schnecke Es war alles umsonst!

1. Erzähler Die Schnecke will wieder gehen. Sie schämt sich, dass sie so vielen den Heiland versprochen hat. Das hier aber kann er nicht sein.

Schneckenstimme Entschuldigung, wir haben uns verirrt.

Schnecke und Schneckenstimme drehen sich enttäuscht um und wollen wieder weggehen.

1. Erzähler Da aber nimmt Maria das Kind auf den Schoß, und das Kind schaut die Schnecke an. Die Schnecke spürt den Blick sogar in ihrem Rücken. Sie dreht sich noch einmal um. *(Sphärische Musik einspielen, in die Musik hinein weiter sprechen)* An all den Menschen und Engeln vorbei sieht das Kind auf die kleine Schnecke und lächelt. Da fühlt sie sich auf einmal so leicht, als wäre alle Sorge von ihr genommen, als würde eine große Last von ihr abfallen. Sie geht ganz nahe zu dem Kind, und alle machen ihr Platz, die schon vorher angekommen sind. Die Schnecke sieht das Kind jetzt mit anderen Augen.

Schnecke Du bist es!

Schneckenstimme Wir sind am richtigen Ort. Wirklich, du bist der, der alle Menschen und Tiere liebt, der sie beim Namen nennt, der alles Leid und alle Last von uns wegnimmt und uns den Frieden schenkt. Du bist das Wunder, das ich gesucht habe.

Prophetin Sagt es allen weiter, sagt es denen, die sich fürchten: Seht da euer Gott, euer Heiland. Er ist für euch da. Er heilt euer Leben. Er macht euch froh!

Musik aus.

Stephanie Jesus ist geboren in Bethlehem und überall. Das Wunder, das uns menschlich macht, beginnt im armen Stall.

Sophia Das Kind wird euer Bruder sein, wird euer Leben teilen. Das Kind wird euer Friede sein, wird euch aus Liebe heilen.

Lisanne Das Kind wird euch begleiten, ein Freund, der weiß, was trennt, der alle eure Ängste sieht und sie beim Namen nennt.

Karl Ein Mann, der Armen helfen wird, der Armut auf sich nimmt, ein Mann, der Reiche stören wird, der aufdeckt, was nicht stimmt.

Annkathrin Jesus ist geboren in Bethlehem und überall. Das Wunder, das uns menschlich macht, beginnt im armen Stall.

Lied: Stern über Bethlehem, EG Hessen 542,3+4

Fürbittengebet

Andreas Sind Sie auch alle angekommen an der Krippe, beim Heiland? Oder sind Sie unterdessen andere Wege gegangen? Wichtiger, als dass wir ankommen beim Heiland, ist, dass er ankommt bei uns. Darum lasst uns noch einmal still werden und miteinander und füreinander beten. Wir bitten Sie immer nach dem Satz „Wir bitten dich“ mitzusprechen „Erhöre uns“.

Sabine Jesus Christus, Heiland, du kommst zu uns. Du wirst Mensch, damit wir menschlich werden. Wir bitten dich, hilf uns, alles Unmenschliche loszuwerden: Unsere harten Gedanken, unsere bösen Worte, unsere ungerechten Urteile, unsere Selbstgefälligkeit und alles Gewalttätige. Heile uns. Lass uns Menschen sein, die sich in allem leiten lassen von der Liebe. Wir bitten dich:

Alle Erhöre uns.

Werner Himmlischer Vater, du wunderbarer, großer Gott, du machst dich klein für uns in einem Kind. Nur so können wir dich fassen. Hilf uns gegen Größenwahn und Allmachtsgefühle. Lehre uns, das Wunder im Kleinen zu entdecken, Kraft im Schwachen, Licht im Dunkel, Freude noch im Traurigen. Wir bitten dich:

Alle Erhöre uns.

Christa Heiliger Geist, Geist des Lebens. Werde uns zum Leuchtfeuer, zum Stern, der uns gute Wege führt, damit auch durch uns Obdachlose ein Dach über dem Kopf finden, Hungrige zu essen bekommen, Gutmütige nicht verachtet werden, Kranke nicht alleine bleiben und Menschen, die anders sind als wir, geachtet und wertgeschätzt sind. Wir bitten dich:

Alle Erhöre uns.

Andreas Wir bitten dich um frohe und helle Weihnachtstage. Lass uns etwas mitnehmen aus der Heiligen Nacht von der Krippe, vom Heil, vom Frieden, vom Licht und von der großen Freude. Lass es uns mitnehmen in unsere Häuser und Familien, und lass es uns austeilen an alle, die sich danach sehnen. Wir bitten dich:

Alle Erhöre uns.

Vaterunser – Segen (traditionell)

Abkündigungen. Dank. Bitte um Mithilfe.

Lied: O du fröhliche, EG 44,1–3

Nachspiel

Ivonne Heinrich

Hier ist Bethlehem

Ein Gottesdienst als Krippenspiel

Inhalt: Der gesamte Gottesdienst spielt in Bethlehem. Die Gottesdienstteilnehmenden sind das Volk von Bethlehem und werden auch so angesprochen. Die Ereignisse der Weihnachtsgeschichte werden in den Gottesdienst integriert und sind mit der Liturgie verbunden – bis schließlich Maria den aaronitischen Segen spricht.

Anzahl der Spielerinnen: 18, ab 8 Jahre.

Dauer: 50–60 Minuten (der gesamte Gottesdienst)

Material: Wegweiser „Bethlehem", Strohballen, Tücher, ein Stoffbündel (als Jesuskind), ein Stern an einem langen Stab, Posaunenfanfare, goldene Klebesterne.

Zielgruppe: Familiengottesdienst an Heiligabend

Personen: 2–4 Zollbeamte pro Kirchentür, Maria, Josef, Mitspieler in der 5. Reihe, 2 Wirte, Sternträger, 3–5 Hirten, 3 Könige, Zeremonienmeister, Posaunenspieler, Pfarrerin und Lektorin

Hinweis: Dies ist kein Krippenspiel im Familiengottesdienst, sondern der ganze Gottesdienst ist das Krippenspiel.

An den Zollstationen:

An allen Zugangswegen zur Kirche sind Wegweiser „Bethlehem" und Zollstationen aufgebaut. Die Gottesdienstteilnehmenden kom-

men dort vorbei, werden nach ihrem Namen gefragt und dem Grund ihres Kommens.

Orgel

Pfarrerin
- Lk 2,1–3 (auswendig)
- freie Begrüßung des „Volkes von Bethlehem"
- Im Namen des Vaters und des Sohnes und des Heiligen Geistes. Amen.
- Frage an die Zollbeamten, ob alle da sind
- Gebet (Thema: auf der Suche sein, ankommen)

Lied: Kommt und lasst uns Christus ehren, EG 39,1–3

Die Herbergssuche

Maria und Josef sitzen in der 5. Reihe am Gang. Sie werden von einem Mitspieler aus der Reihe geschubst.

Mitspieler Hier ist kein Platz für euch!

Maria und Josef suchen in den Reihen nach einem neuen Sitzplatz. Zuletzt fragen sie zwei Männer (die Wirte), die rechts neben dem Altar jeder auf zwei Stühlen sitzen.

Wirte Kein Platz frei!

Maria und Josef bauen sich aus Strohballen und Tüchern einen Lagerplatz direkt vor dem Altar. Maria hält ein Stoffbündel im Arm. Aus dem Off

Lektorin Lk 2,4–7

Musik

Die Engelsbotschaft

Aus dem Off

Lektorin Lk 2,8–14

Ein Sternträger bringt einen großen Stern an einem langen Stab und stellt sich hinter die Krippe, so dass der Stern darüber ist.

Lied: Stern über Bethlehem, EG Hessen 542,1–3

Die Suche der Hirten

Die Hirten haben bis jetzt verstreut in den Reihen gesessen. Sie stehen jetzt auf, steigen auf die Bänke, schauen sich um. Sie steigen wieder runter und arbeiten sich zu den Gängen vor. Dabei fragen sie immer wieder laut nach dem Weg und lassen sich zeigen, wo der Stern ist. Sie haben die Botschaft des Engels nicht ganz verstanden und lassen sich das von den Leuten erklären. Sie treffen sich allmählich links vor dem Altar, diskutieren miteinander, gehen dann zur Krippe und lassen sich dort nieder.

Lied: Lobt Gott, ihr Christen alle gleich, EG 27,1–3

Pfarrerin kurze Predigt über die Bedeutung der Engelsbotschaft für das Volk von Bethlehem

Prozession der Könige

Hinten ertönt eine Posaunenfanfare

Zeremonienmeister Erweist den Königen die Ehre. Steht auf und verbeugt Euch, Ihr Volk von Bethlehem!

Die drei Könige ziehen ein. Das Volk verbeugt sich (evtl. erneute Aufforderung an die Gemeinde). Wenn die Könige vorn angelangt sind, wird das Volk aufgefordert, sich zu setzen. An der Krippe geschieht eine Verwandlung: Die Könige verbeugen sich nun vor dem Kind. Aus dem Off

Lektorin Jes 9,1.(2–4.)5–6

Lied: Ich steh an deiner Krippen hier, EG 37,1–4

Pfarrer(in)
- Abkündigungen
- Fürbitten
- Vaterunser

Aaronitischer Segen

Maria Ihr Volk von Bethlehem: Der Herr segne Euch und behüte Euch. Der Herr lasse sein Angesicht leuchten über Euch und sei Euch gnädig. Der Herr erhebe sein Angesicht auf Euch und gebe Euch Frieden.

Lied: O du fröhliche, EG 44,1–3

Auszug des Sternträgers und der Krippenspieler/-innen.

An den Zollstationen

Die Kinder bekommen einen goldenen Stern auf die Wange geklebt.

Dr. Lukas Ohly mit Redaktionskreis

Ostheimer Weihnachtsspiel

für Jugendliche und Erwachsene 2004

Inhalt: Ein Hirte befragt Engel, wo genau sich die Krippe befindet; die aber halten sich heraus, weil sie sich nur zur himmlischen Wirklichkeit zugehörig fühlen. Ein Ortseinwohner zeigt sich überhaupt skeptisch im Hinblick auf frohe Botschaften. Alle einigen sich darauf, dass die irdische Wirklichkeit vom Himmel durchzogen ist.

Anzahl der Spieler: fünf Spieler; alle Rollen können von Frauen und Männern gespielt werden.

Dauer: 35–40 Minuten

Material: ein zweites Musikinstrument für die Solisten

Zielgruppe: für Jugendliche und Erwachsene

Personen: 2 Engel; Hirte; Nörgler; Pfarrer (= Lektor)

Hinweis: Das Stück muss nicht auswendig vorgetragen werden, damit die Hemmschwelle zum Mitspielen gesenkt wird. Spielerinnen sollten nicht aus dem kerngemeindlichen Umfeld stammen, um den Öffentlichkeitscharakter des Weihnachtsspiels zu gewährleisten; entscheidend ist die Redaktionsarbeit und die Suche nach geeigneten Mitspielerinnen; hierzu trifft sich ein Vorbereitungsteam bereits im August; das Spiel – so aktuell es sein soll – muss daher bis dahin weitgehend vorliegen.
Das Ostheimer Weihnachtsspiel beteiligt Personen aus dem öffentlichen Leben des Ortes. Es hat ein thematisches Grundgerüst, das jedes Jahr wiederholt wird. Dabei wird es angereichert durch

aktuelle Ereignisse, die im vergangenen Jahr eine Rolle im Ort gespielt haben.
Zudem ist das Weihnachtsspiel interaktiv gestaltet: Die Gemeinde bekommt bestimmte Chorrollen, die vor Beginn des Gottesdienstes kurz eingeübt werden.
Theologische Grundlage ist der Johannnesprolog (Joh. 1,1–14), insbesondere die Stelle „Das Licht scheint in der Finsternis, aber die Finsternis hat's nicht begriffen." Diese thematische Hervorhebung nimmt das Lichterspiel der Advents- und Weihnachtszeit auf.

Gemeinde spielt im Krippenspiel mit:

- singt immer mit, wenn die Orgel spielt
- sobald das Wort „Augenblick" ausgesprochen wird: mit Fingern schnippen
- Feuerzeug anmachen, wenn Lichter angemacht werden (Lichterkette, Kerze, Laterne …), dabei „Hm, hm" summen, dann Lichter wieder aus!

Altarkerzen sind noch aus!!!

Orgelvorspiel
Begrüßung

Lied: Herbei, o ihr Gläubigen, EG 45,1 + 2

Pfr. versucht, Lichterkette zu entknoten.

Sprecher *aus dem Off* Aus der Weihnachtsgeschichte nach dem Lukasevangelium:
Lk 2,1–7

Pfr. zündet Altarkerzen an.

Gemeinde *zündet Feuerzeug an*: Hm, hm.
Sprecher Lk 2,8

Hirte positioniert sich in Mitte der Kirche.

Sprecher Lk 2,9

1. Engel *positioniert sich auf Empore.*
Lk 2,10–12

1. Engel *singt:* Vom Himmel hoch, EG 24,1+2+5

Lied: Vom Himmel hoch, EG 24,15

Sprecher Lk 2,13–14

2. Engel tritt auf.

1.+2. Engel und Gemeinde *Engel evtl. beim gemeinsamen Trinken (oder Kuchenessen) oder beim Hausbauen (Reich Gottes aufbauen) singen: Ehre sei Gott, EG Hessen 567 (1. Engel ist Vorsänger, dann beide)*
Ehre sei Gott, Ehre sei Gott, Ehre in der Höhe!
Gebt Gott die Ehre für immer!
Halleluja, Amen! Halleluja, Amen! Halleluja, Amen!

Wiederholung des Liedes: 1. Engel Vorsänger, dann Gemeinde/Orgel. Hirte geht auf Engel zu.

Hirte Entschuldigung mal bitte, aber können Sie vielleicht ein wenig genauer sein? Wo soll denn das alles stattfinden?

1. Engel Na ja, da, so in die Richtung. *(macht unbestimmte Handbewegung)* Sie sind schon richtig.

2. Engel Können's gar nicht verfehlen!

Hirte Aber Krippen gibt's hier doch ganz viele. Und wenn es wieder 'ne Umleitung gibt wegen der vielen Baustellen im Ort, dann weiß ich nicht, wie ich gehen soll.

2. Engel Dann müssen Sie sich eben durchfragen.

Hirte Können Sie nicht ein paar Schritte mit mir gehen? Sie wollen sich das Ganze doch sicher auch ansehen.

2. Engel Tut mir leid. Wir Engel schauen uns nichts an.

1. Engel Wir verkündigen nur.

Hirte Na, Sie sind ja gut. Sie erzählen mir irgendwas, obwohl Sie selber gar nicht wissen, ob es stimmt.

1. Engel Moment: Es stimmt schon, was ich gesagt habe.

2. Engel Es stimmt immer.
Hirte Aber woher wissen Sie denn das?
2. Engel Wissen Sie, wir gehören nicht in die flüchtige Gegenwart. Im einen Augenblick … *schnippen*

Gemeinde schnippt 1-mal.

2. Engel … ist man hier, im anderen Augenblick … *schnippen*

Gemeinde schnippt 1-mal.

2. Engel … ist man da. Rahn schießt ein Tor. Und nach 50 Jahren denkt keiner mehr an Sepp Herberger, sondern alle nur noch an den FCO. Das ist nichts für uns Engel. Wenn ich mir jetzt was ansehe, hat es nachher keine Bedeutung mehr.
1. Engel Wir sind Himmelswesen. Wir blicken auf das Ganze. Die einzelnen Ausschnitte im Leben sind nicht wichtig. Wenn wir mit Ihnen kommen würden, würden wir den Blick für das Ganze verlieren.
Hirte Aber mich schicken Sie doch los, damit ich mir das Kind in der Krippe ansehe.
Engel Ja, Sie sind ja auch kein Engel. Oder wollen Sie etwa die Geschichte nicht sehen?
Sprecher Lk 2,15
Hirte *singt:* Was soll das bedeuten, EG Hessen 539,2
Beide Engel Was soll das bedeuten, EG Hessen 539,3
Pfarrer *spricht zu Hirten:* Jesus Christus spricht: Ich bin das Licht der Welt. Wer mir nachfolgt, der wird nicht wandeln in der Finsternis. Zündet man etwa ein Licht an, um es unter den Scheffel oder unter die Bank zu setzen?

Pfarrer steckt Lichterkette kurz in Steckdose.

Gemeinde *zündet Feuerzeug an:* Hm, hm.
Pfarrer Wir sind nicht von der Nacht noch von der Finsternis. Die Finsternis hat's nicht begriffen. Ihr aber, liebe Brüder, seid nicht in der Finsternis. Denn ihr alle seid

Kinder des Lichtes und Kinder des Tages. Es kann die Stadt, die auf einem Berge liegt, nicht verborgen sein.

Hirte Sie wollen damit sagen: Ich muss gar nicht erst losgehen zur Krippe, weil ich schon da bin? *dreht sich zu den Engeln* Bin ich schon da?

2. Engel Das kann ich Ihnen so nicht beantworten. Auf's Ganze betrachtet ist Jesus Christus überall.

1. Engel Aber ob er jetzt auch gerade bei Ihnen ist… Dazu müssten wir zu Ihnen runterkommen und Sie uns mal näher ansehen.

2. Engel Aber wir schauen uns ja nichts an.

1. Engel Wir verkündigen nur.

Nörgler erscheint.

Hirte Entschuldigen Sie, ich bin auf der Suche nach einer Krippe, wo gerade Jesus Christus geboren sein soll.

Nörgler Tut mir leid. Ich weiß nicht, was Sie meinen. Ich habe damit nichts zu tun.

Hirte Aber es muss hier irgendwo sein. Engel haben mir das gesagt.

Nörgler Ja, dann folgen Sie doch der Wegbeschreibung der Engel.

Hirte Der Pfarrer meint, das Kind sei hier geboren. Ich dachte, Sie hätten vielleicht was gesehen…

Nörgler Ich habe gehört, was die Engel gesagt haben. Und ich kann Ihnen nur raten: Machen Sie es wie die Engel. Gehen Sie nicht hin. Ich glaube schon lange nicht mehr, was ich sehe.

Hirte Also haben Sie was gesehen? Jesus Christus, das Licht der Welt?

Nörgler Wo soll das Licht denn sein am Ende des Tunnels? Alle versprechen uns die ganze Zeit: Es soll ein Licht geben am Ende des Tunnels. Und was gibt es wirklich? Uns schickt man in den Ruhestand. Überall wird gekürzt. Die Krankenkassen geben kein Geld mehr für die Alten. Und sogar die Kirche braucht jetzt Geld für eine Orgel. Bald wird der Hartz auch noch den Christus fragen, ob seine Wohnung „angemessenen" ist. Ein Licht am Ende des Tunnels? Selbst wenn es das Licht gäbe – an das helle Tunnelende kommen wir sowieso nicht. Bleiben Sie lieber daheim wie die Engel.

1. Engel Moment mal: Das Licht der Welt gibt es schon.

2. Engel Wir sehen nur nicht nach, weil wir sowieso wissen, dass es stimmt.

Nörgler Und ich weigere mich, das Licht zu sehen, weil ich weiß, dass wir es sowieso nicht erreichen können.

1. Engel Die Bedeutung von Jesus Christus können Sie nicht in einem Augenblick… *schnippen*

Gemeinde schnippt 1-mal.

1. Engel …erfassen. Seine Bedeutung ist überzeitlich.

2. Engel Man muss die ganze Geschichte sehen. Deshalb gehen wir nicht zur Krippe und sehen uns das Kind nicht an.

1. Engel Das, worauf es ankommt, gibt's da nicht zu sehen.

Nörgler Wissen Sie, wir werden doch auch in jedem Augenblick… *schnippen*

Gemeinde schnippt 1-mal.

Nörgler …übersehen. Wir haben Jahrzehnte lang eingezahlt. Und jetzt kürzt man uns die Krankenversorgung. Das hat auch überzeitliche Bedeutung: dass auf die Versprechen von früher kein Verlass ist. Aber ein Hoffnungsschimmer, der nicht gleich im Keim erstickt wird: So was gibt's nicht zu sehen.
Singt Hört der Engel helle Lieder, EG 54,2 ohne Refrain.

Lied: Hört der Engel helle Lieder, EG 54: Refrain und Strophe 3 mit Refrain.

Pfarrer Wenn ihr eine Wolke aufsteigen seht vom Westen her, so sagt ihr gleich: Es gibt Regen. Und es geschieht so. Und wenn der Südwind weht, so sagt ihr: Es wird heiß werden. Und es geschieht so. Über das Aussehen der Erde und des Himmels könnt ihr urteilen. Die Weissagung wird ja noch erfüllt werden zu ihrer Zeit. Wenn sie sich auch hinzieht; sie wird gewiss kommen und nicht ausbleiben. Jetzt erkenne ich stückweise. Aber der HERR spricht: Du sollst jetzt sehen, ob sich dir mein Wort erfüllt oder nicht.

Hirte Ich will zur Krippe gehen. Man sieht im Augenblick… *schnippen*

Gemeinde schnippt 1-mal.

Hirte …immer mehr als nur den Augenblick… *schnippen*

Gemeinde schnippt 1-mal.

Hirte Man kann doch auf einmal erfassen, wie es weitergehen wird.

Nörgler Ich würde ja doch nur ein Krippenkind sehen. Nichts mehr und nichts dahinter.

Hirte Vielleicht sind es aber doch gerade die verschwommenen Augenblicke, die durchdringen.
zeigt seine Laterne mit getöntem Glas

Gemeinde *zündet Feuerzeuge an* Hm, hm.

Hirte Die großen Sternstunden dagegen sind schnell wieder vorbei.

Nörgler Wie gerne hätte ich aber mal eine Sternstunde. Verschwommene Augenblicke,… *schnippen*

Gemeinde schnippt 1x

Nörgler …dieses „Es wird schon irgendwie werden“, oder das „Gute Besserung“ von den Krankenkassen. Das gibt's doch genug schon. Das sind nicht die Hoffnungsschimmer, die ich gerne mal sehen würde. Ich würde gerne wissen, wie gut ich wirklich versorgt werde, wenn ich mal richtig krank werde.

Pfarrer Es wird die Zeit kommen, in der ihr begehren werdet zu sehen einen der Tage des Menschensohns, und werdet ihn nicht sehen. Und sie werden zu euch sagen: Siehe, da! Oder: Siehe, hier! Geht nicht hin und lauft ihnen nicht nach! Das Reich Gottes kommt nicht so, dass man's beobachten kann; man wird auch nicht sagen: Siehe, hier ist es! Oder: Da ist es! Denn siehe, das Reich Gottes ist mitten unter euch.

Pfarrer *singt:* In der Mitte der Nacht liegt der Anfang eines neuen Tags, MKL 2,63

Hirte Aber wenn das so ist: Dann lassen Sie sich auch leiten von Augenblicken… *schnippen*

Gemeinde schnippt 1-mal.

Hirte Sie sehen auch immer mehr, als was der Augenblick… *schnippen*

Gemeinde schnippt 1-mal.

Hirte …selber zeigt. Sie sehen den Tunnel. Und Sie sehen, dass Sie morgen immer noch im Tunnel sind. Sie sehen eine ganze Geschichte noch dazu. Dann können Sie aber auch mit mir gehen. Lasst uns nun gehen nach Bethlehem und die Geschichte sehen, die da geschehen ist, die uns der Herr kundgetan hat.

Nörgler Die Frage ist für mich: Was betrifft mich mehr? Das Weihnachtsfest macht den Arbeitslosen und Rentnern doch erst recht bewusst, in welcher Lage sie sind. Das will ich aber nicht sehen.

Hirte Ich frage auch: Was betrifft mich mehr? Ein mulmiges Gefühl haben wir schon in dem Moment, wo es von hinten dunkel wird – und nicht erst, wenn es donnert. Aber auch umgekehrt: Wenn die Morgenröte kommt, dann heitert uns das jetzt schon auf… *zeigt wieder seine Laterne*

Gemeinde *zündet Feuerzeuge an:* Hm, hm.

Hirte …auch wenn die Sonne noch nicht aufgegangen ist. Sie wollen das nicht sehen. Aber ich schon. Ich möchte sehen, was der Augenblick mir mehr sagt. *Singt:* Weil Gott in tiefster Nacht erschienen, EG 56,1+4. Kehrvers: Weil Gott in tiefster Nacht erschienen,
kann unsre Nacht nicht traurig sein!
1. Der immer schon uns nahe war, stellt sich als Mensch den Menschen dar. Kehrvers
2. Nimm an des Christus Freundlichkeit,
trag seinen Frieden in die Zeit! Kehrvers

Pfarrer So wäre auch Finsternis nicht finster bei dir, und die Nacht leuchtete wie der Tag.

1. Engel Dann wären wir also deshalb im Himmel, weil wir immer schon mehr gesehen haben als nur den Augenblick… *schnippen*

Gemeinde schnippt 1-mal.

1. Engel Wir waren nicht bei der Krippe. Aber sobald Jesus geboren ist, gibt es für uns mehr zu sehen, als dass er nur geboren ist.

2. Engel Aber dann können wir jetzt auch ein Licht anzünden. *zündet Kerze an*

Gemeinde *zündet Feuerzeuge an:* Hm, hm.

Sprecher Lk 2,17–20

Ab „Maria aber…“ treten die Spieler wieder ab

Lied: Ich steh an deiner Krippen hier, EG 37,1+4+9

Schlussgebet
Vaterunser, Segen

Lied: O du fröhliche, EG 44

III

Krippenspiele

Gerharde von Burstin

Bethlehem ist überall

Inhalt: Wir spielen die alte Weihnachtsgeschichte, verquickt mit heutigen Lebenssituationen und lokalen Örtlichkeiten. Kinder begegnen auf der Suche nach einem Geschenk Maria und Josef und helfen ihnen, eine Unterkunft zu finden. Das Christkind wird in einer Gartenhütte in der Nähe geboren, und die 3 Könige sind „Honoratioren" aus dem Gemeindeleben.

Anzahl der Spieler(innen): 12 (4 Frauen und 8 Männer, wobei mindestens 3 Rollen auch von Frauen gespielt werden können) plus einer beliebigen Anzahl an Kindern, die sich am Ende des Spiels bei der Hütte einfinden.

Dauer: ca. 10–15 Minuten

Material: Wir brauchten keine Kulissen und recht wenige Requisiten. Umhang für Maria und Josef, Hut und Stock für Josef, ein Puppenbett, eine Decke, Schaffell für den Schäfer, Polizeimütze, Feuerwehrhelm, Stern an einem Stock.

Zielgruppe: Kinder beziehungsweise Familien

Personen: Tobias, Tanja, Konrad, Engel, Hirte, Vater, Mutter, Maria, Josef, Bürgermeister, Polizeihauptmeister, Ortsbrandmeister

Hinweis: Wir spielen ohne Mikrofon, damit die Kinder nicht beim Spielen behindert werden.

Lied: Herbei, o ihr Gläubigen, EG 45,1–4

Tobias ...drei, vier Euro und neunzig Cent, dafür kriege ich ja nicht gerade die Welt!

Tanja Hallo, Tobias, was machst du alter Bickenbacher denn hier, mitten in Jugenheim?

Tobias Ach, ich will mal schauen, ob ich noch ein Weihnachtsgeschenk für meine Mutter finde. So allmählich geht mir das Geld aus. Ich hab nur noch knapp fünf Euro.

Tanja Na, das ist ja echt nicht viel. Hm, mal überlegen...

Konrad Na, ihr beiden! Seid ihr noch auf der Jagd nach Weihnachtsgeschenken? Weihnachten – Tannenbaum – und Kinderlieder – ph – das ist doch alles längst überholt – eine Legende von vor zweitausend Jahren. Wir, wir fliegen nach Teneriffa. Da scheint die Sonne – da gibt es sogar Palmen, und die Weihnachtssterne sind so groß wie Bäume. Da könnt ihr hier Weihnachten versauern bei dem kalten Schmuddelwetter. Tschüss, ihr zwei Weihnachtsengel!

Tanja Der olle Angeber – Weihnachten in Teneriffa – das passt doch gar nicht. Aber du, der Konrad hat mich auf eine Idee gebracht. Drüben beim Gärtner Roth gibt es kleine Weihnachtssterne für 4,80 Euro.

Tobias Mensch, Tanja, das isses. Kommst du mit aussuchen?

Tanja Warte mal, Tobias! Sieh doch nur, was für komische Leute da aus dem Balkhäuser Tal kommen. Ein Mann in einem langen Mantel, und die Frau hat nur ein Wolltuch um, bei der Kälte!

Tobias Ja, die hab ich hier auch noch nie gesehen. Die Frau ist wohl schwanger – und wie müde die aussieht – sie kann sich ja kaum noch auf den Beinen halten.

Tanja Komm, wir gehen hin und fragen, ob wir denen was helfen können.

Maria und Josef kommen erschöpft näher.

Josef Sei nicht traurig Maria, wir werden schon noch eine Unterkunft finden. Freilich, ein teures Hotel können wir uns nicht leisten.

Maria Ach, Josef, ich kann kaum noch weiter. Da vorn sind zwei Kinder, die sehen nett aus, die könntest du doch mal fragen. Sie kennen sich hier bestimmt gut aus.

Josef Hallo, guten Abend, ihr beiden. Könnt ihr uns sagen, wie wir hier in Jugenheim ein billiges Nachtquartier finden können?

Tobias Das wird nicht so leicht sein. Alle Gasthäuser sind in der Weihnachtszeit ausgebucht. Aber das Übernachten im Freien könnte gefährlich sein, bei der Kälte und in dem Zustand. Hm – das könnte gehen – mein Onkel hat eine Gartenhütte bei Bickenbach, und ich habe den Schlüssel dazu. Der Onkel ist nicht da!

Tanja Ja, die Hütte, bei der wir im Sommer gegrillt haben. Prima! Du, da steht sogar ein Ofen drin. Komm, wir bringen die armen Leute gleich dorthin.

Tobias So, da wären wir. Ein Schloss ist es ja nicht gerade, aber zur Not wird es schon gehen. Ich hole noch schnell eine Decke und ein bisschen Holz.

Tanja Und ich habe ein altes Puppenbett zu Hause. Falls das Baby bald kommt, können sie es darein legen, ich glaube, es dauert nicht mehr lange.

Die Kinder gehen weg und kommen einige Zeit später wieder.

Tanja Oh, schau doch nur, Tobias, das Baby ist schon da, na, da war es ja wirklich höchste Eisenbahn. Und wie goldig es aussieht. Das ist ein ganz besonderes Kind.

Lied: Freu dich, Erd und Sternenzelt, EG 47,1–4

Tobias He, da kommt wer. Ich höre Schritte. Das ist der Schäfer Martin, der seine Herde am Hartenauer Hof stehen hat.

Martin Guten Abend, ihr alle. Stellt euch vor, was ich erlebt habe – ihr werdet denken, dass ich spinne. Ich saß vor meinem Karren und hörte Nachrichten im Radio. Es wurde vor zwei streunenden Hunden gewarnt, die letzte Nacht in der Nähe mehrere Schafe gerissen hatte, und ich fing an mir Sorgen zu machen. Da sah ich auf einmal einen hellen Schein am Himmel, ich war ganz geblendet und hatte mächtig Angst. Da sagte eine klare Stimme zu mir:

Engel Fürchtet euch nicht, denn siehe, ich verkündige euch eine große Freude, die allem Volke widerfahren wird, denn euch ist heute der Heiland geboren.

Martin Dann sah ich den Stern, es war, als ob er mich rief – und ich wusste, den Schafen würde nichts geschehen... Aber wo ist er – der Heiland? Wo ist das Kind? Zeigt es mir! Schnell!

Lied: Stern über Bethlehem, EG Hessen 542,1–4

Tanja Könnte es nicht auch Stern über Jugenheim heißen? He, da kommen ja dein Vater und meine Mutter. Oh Mann, die haben uns bestimmt gesucht.

Vater Da seid ihr ja endlich! Wir haben uns solche Sorgen gemacht und wussten schon gar nicht mehr, wo wir euch suchen sollen.

Mutter Da sahen wir den Stern und ich hatte das Gefühl, dass er uns führen wollte, und Gott sei Dank haben wir euch hier gefunden. Da liegt ja auch das Kind, von dem uns der Martin erzählt hat. Wahrhaftig – das Christuskind!

Der Engel leuchtet mit einer Kerze im Hintergrund.

Lied: Vom Himmel hoch, da komm ich her, EG 24,1–3,15

Tanja Da kommen noch mehr Leute – du lieber Himmel, das sind ja lauter hohe Tiere.

Tobias Lass mal sehen! Jöh, der Herr Bürgermeister persönlich und der Polizeihauptmeister aus Pfungstadt und noch einer – der Ortsbrandmeister aus Jugenheim.

Bürgerm. Kommt Freunde, hier muss es sein, von hier geht der helle Schein aus.

Ortsbrandm. Was denn, ein Feuer in einer Gartenhütte? Das darf aber nicht sein!

Polizeim. Kein Feuer, das einen verbrennt. Der Stern, der uns geführt hat, ist einfach über der Hütte stehengeblieben. Da liegt ja ein Kind! Ein neugeborenes Kind! Wie wunderbar! Lasst es uns von Nahem ansehen.

Bürgerm. Mir ist, als ob ich die Engel selber singen höre.

Lied: Hört der Engel helle Lieder, EG 54,1–3

Tobias Weißt du, Tanja, ich hätte es nie geglaubt, dass es heute bei uns noch so eine Heilige Nacht gibt.

Tanja Und wir waren dabei und haben alles genau miterlebt mit Maria und Josef und dem Jesuskind.

Tobias Und der Konrad, der jetzt in Teneriffa ist, kann einem richtig leid tun, weil er so was verpasst hat.

Tanja Ach, wenn ich es mir recht überlege, denke ich:

Alle Bethlehem kann überall sein!

Lied: Weil Gott in tiefster Nacht erschienen, EG 56,1–5

Martina Engels, Annette Meffert, Peter Müller-Wiener, Lutz Rentel

Mäuse in der Martinskirche

Weihnachtsspiel 2009

Inhalt: Sechs kleine Mäuse sind dem Geheimnis von Weihnachten auf der Spur. Warum finden Maria und Josef keine Herberge, warum leuchtet der Stern so hell, wohin wollen die Hirten und was suchen die Könige? Neugierig und aufgeregt wollen die Mäuse Antworten auf ihre Fragen finden.

Anzahl der Spieler: Insgesamt haben 27 Kinder mitgewirkt (mindestens 17 Personen werden benötigt), kleinere Kinder sind bei den Engeln, den Hirten und im Chor mit aktiv, Männer- und Frauenrollen können von Jungs und Mädchen zwischen 6 und 12 Jahren besetzt werden.

Dauer: 30 Minuten

Material: Kostüme, Mäuseohren, Schminke, Mikros.
Bühnenaufbau und Beleuchtung werden empfohlen, Verfolger.

Zielgruppe: Kinder ab 3 Jahre und Familien

Personen: 3 Könige, 2–4 Mäuse aus dem Orient (O-Mäuse), 2–4 Mäuse aus Bethlehem (B-Mäuse), 1 Diener, Maria, Josef, 1–3 Wirte, König Herodes, Berater des Königs, 2–4 Hirten, 1–5 Verkündigungsengel, der Stern von Bethlehem (Stern)

Hinweis: Schlüssige Handlung, fragende, neugierige Mäuse, witzige Szenen: Ein Kinderstück, an dem auch Erwachsene ihren Spaß haben! Lieder müssen noch eingesetzt werden.

Szene 1: Aufbruch der Könige

Die Szene beginnt komplett im Dunkeln. Erst nach ca. 10 Sekunden Dunkelheit beginnt die Band, das erste Lied anzustimmen. Der Stern wird im Dunkel hochgezogen und nach einigen Takten Musik erleuchtet. Die Musik hört auf, und von der Empore her ruft der erste König, wobei er dabei vom Verfolger angestrahlt wird.

1. König Seht den Stern! Ist er nicht wundervoll?

Lichtwechsel auf die Empore

2. König Das ist er! Endlich haben wir ihn gefunden!

Lichtwechsel nach unten

3. König Das Zeichen des neugeborenen Königs.

Jetzt geht das Licht in den Vordergrund, wo die drei Mäuse bisher im Dunkeln verborgen gesessen haben.

3. O-Maus Na, endlich. Das wurde aber auch Zeit.
1. O-Maus Ich hatte ja schon beinahe die Hoffnung aufgegeben, dass die drei den Stern entdecken.
2. O-Maus Nun – ich habe den Stern ja gestern schon entdeckt. Er stand genau an der Stelle…
1. O-Maus Jetzt gib mal nicht so an – nur weil du dein Schlupfloch in der Nähe des Fernrohres hast.

Die drei Könige haben sich mittlerweile im Altarraum zusammengefunden. Das Licht wechselt jetzt auf sie, weg von den Mäusen, die wieder im Dunkel verschwinden.

1. König Es ist wahrhaftig der Königsstern.
2. König Und mit seiner starken Kraft das Zeichen eines sehr großen Königs.
1. König Ein Herrscher über viele und zugleich eines jeden Diener.
2. König Nie zuvor wurde ein so bedeutender König geboren.
1. König Und nie danach wird Gleiches wieder geschehen.
3. König Lasst uns ihn suchen!

1. König Ich würde sagen: Lasst uns ihn suchen und ihn verehren!

2. König Ich würde sogar sagen: Lasst uns ihn suchen, ihn verehren und ihm dienen!

1. König Urgul – mein Diener, komm her.

Diener Urgul Ja, Herr?

1. König Bereite unsere Sachen vor. Morgen noch vor Sonnenaufgang werden wir abreisen. Es wird eine lange Reise, deshalb solltest du genug Vorräte einpacken.

2. König Und von mir ein Geschenk: Ich lasse dir eine Kiste Gold bringen.

3. König Von mir erhältst du Weihrauch.

1. König Und ich werde Myrrhe, das Königskraut, als Geschenk bereiten.

Diener Urgul Ich höre und gehorche.

Alle ab. Licht wieder auf die drei Mäuse.

1. O-Maus Habt ihr das gehört? Sie machen sich auf eine Reise.

2. O-Maus Aber nicht ohne uns, das lassen wir uns nicht entgehen – wir reisen mit.

3. O-Maus Klar doch, wir reisen mit.

2. O-Maus Ein König. Das wird eine Feier geben. Ich schmecke bereits die herrlichsten Leckerbissen!

1. O-Maus Ach du, du denkst doch wieder nur an deinen Magen. Nein. Dieser König wird alle versöhnen, auch Mensch und Tier. So steht es geschrieben. Und deswegen will ich ihn sehen.

2. O-Maus Dann kommt, jeder in eine der Vorratskisten. Wir reisen mit!

Alle drei O-Mäuse Wir reisen mit!

Alle ab. Licht aus, auch Stern aus, Dunkelheit, Umbau zum Lied, Stern wird abgelassen.

Lied: Ein Lied über den Stern

Szene 2: Maria und Josef

Josef und Maria gehen die Straße entlang. Josef zeigt auf eine Herberge.

Josef Komm, Maria, hier vorne ist noch eine Herberge, da fragen wir mal nach. Es muss doch noch irgendwo für uns ein Plätzchen geben.

Maria Einverstanden, ich halte auch nicht mehr lange durch.

Wirt Ja, bitte – was wollt ihr?

Josef Ach, Herr – habt ihr noch einen Platz für uns? Wir sind weit gereist und sehr müde und…

Wirt Nein – hier ist alles voll. Ihr müsst woanders fragen.

Wechsel auf die Mäuse.

1. B-Maus Hey – habt ihr das gesehen? Knallt denen einfach die Türe vor der Nase zu! Das glaub' ich jetzt nicht!

2. B-Maus Und dabei hat der Mann doch ganz nett gefragt.

4. B-Maus Das ist ganz schön böse von dem Wirt.

3. B-Maus Was wollen die beiden denn eigentlich?

1. B-Maus Na – einen Platz zum Schlafen vermute ich mal. Guckt mal: Die Frau hat einen ganz dicken Bauch, ich glaube, die ist trächtig.

3. B-Maus Hey – du Mäusehirn! Bei den Menschen heißt das nicht trächtig, sondern schwanger!

2. B-Maus Die sind aber auch spät unterwegs. Den ganzen Tag schon habe ich Menschen mit Gepäck gesehen, die sich hier in Bethlehem einen Unterschlupf gesucht haben.

3. B-Maus Aber warum sind denn überhaupt so viele Menschen hier in Bethlehem?

2. B-Maus Ich habe gehört, es ist eine Volkszählung. Alle Menschen sollen gezählt werden – aber frag mich nicht, warum.

1. B-Maus Und die werden alle hier in Bethlehem gezählt? Das glaub' ich jetzt nicht!

2. B-Maus Nein, ich glaube, jeder wird dort gezählt, wo er geboren wurde.

1. B-Maus Ach so – und die müssen natürlich auch irgendwo schlafen. Zum Glück gibt es so etwas nicht bei uns Mäusen – ich habe doch keine Ahnung, wo ich geboren wurde.

2. B-Maus Das glaub' ich jetzt nicht. Lass uns doch mal schauen, was sie jetzt machen.

1. B-Maus Ja – komm – sie sind da vorne bei der nächsten Herberge – oh, der Wirt knallt denen schon wieder die Tür vor der Nase zu.

Alle drei B-Mäuse Das glaub' ich jetzt nicht!

Lied: Ein Lied über die Schwierigkeiten bei der Herbergssuche

Josef und Maria sind bei der nächsten Herberge.

Wirtin Bitte?

Josef Entschuldigung – wir suchen einen Platz zum Schlafen. Seht – meine Frau ist schwanger, habt Ihr ein Quartier für die Nacht?

Maria Ja – und ich bin sooo müde. Ich muss mich unbedingt hinlegen.

Wirtin Hier in der Herberge ist kein Platz mehr frei, aber da vorne ist mein Stall – da könntet ihr hin. Ein Bett ist nicht da, aber warm ist es bestimmt.

Josef Ja – ehe wir gar keinen Platz haben, gehen wir in den Stall. Komm, Maria, bis dahin ist es nicht mehr weit.

1. B-Maus Der schickt die beiden in den Stall?!?! Das glaub' ich jetzt nicht. Da wohnen doch nur Tiere.

2. B-Maus Aber bevor sie gar nirgendwo schlafen können, ist der Stall doch ganz prima – also, ich finde es im Stall immer schön kuschelig warm und…

3. B-Maus Ja, und dann kommt der Huf vom Ochsen und du liegst drunter…

Der Stern wird hochgezogen und leuchtet hell; Verfolger auf den Stern.

2. B-Maus Hey, sagt mal, wieso ist es mit einem Mal so hell hier?
1. B-Maus Keine Ahnung!
4. B-Maus Schaut mal da oben!!
2. B-Maus Ja, da oben – ein STERN, Mann ist der hell!
1. B-Maus Boah – und der sieht ja ganz anders aus als alle anderen.

Lied: Ein Lied über einen strahlenden Stern

2. B-Maus Kommt, wir schauen mal, ob wir den Stern irgendwo besser sehen können.
1. B-Maus Wir können ja mal vor die Stadt gehen – draußen auf das Feld.

Szene 3: Die drei Könige bei Herodes

Beraterin Eure Hoheit, drei edle Herren aus fremdem Land wünschen eine Audienz bei Euch. Sie sagen, sie wollten dem neuen König huldigen.
Herodes Was soll das? Ein neuer König? Und sie wollen diesem König huldigen? – Nun, eigentlich könnten sie ja auch mir huldigen. Nun gut, herein mit ihnen.

Die drei Könige kommen, hinter ihnen die Mäuse.

1. König König Herodes, wir sind hierher geeilt, weil uns ein Stern von der Geburt eines neuen Königs hier in Judäa Kunde gab.
3. König Jawohl, ein König und Friedefürst.
2. König Ich würde sogar sagen: Ein König, ein Friedefürst und ein Herrscher weit über alle Grenzen hinweg.

Herodes Was meinen die nur? Hast du von einem König gehört?

Beraterin Man hört so einiges in letzter Zeit – ein heller Stern soll erstrahlen, und ein Kind soll geboren werden, das mächtiger wird als alle Könige bisher. Wir sollten sehr vorsichtig sein und versuchen, viel von dem Kind zu erfahren.

Herodes Nun, ich habe schon davon gehört, nur leider, leider: Er ist nicht hier. Edle Herren, wenn Ihr ihn findet, so nennt mir seinen Aufenthaltsort, damit ich hinreisen kann, um ihn willkommen zu heißen.

Die Könige ab

Herodes Beraterin – was können wir tun? – Ein anderer König, der mir meine Macht raubt – das darf es nicht geben!

Beraterin Da hast du vollkommen recht! Wir müssen erfahren, wer dieser neue König ist und wo er sich aufhält – und dann die notwendigen Maßnahmen treffen... Was kann das schon für ein König sein – wenn er noch nicht einmal in einem Palast zur Welt kommt!

Lied: Ein Lied über das Königtum Jesu

1. O-Maus Habt ihr das gehört? Er hat Angst, seine Macht zu verlieren. Und welche Maßnahmen meint seine Beraterin? Was haben die beiden vor?

2. O-Maus Ich weiß nicht. Meine Mäusenase kribbelt wie verrückt. Da stimmt was nicht.

3. O-Maus Meine Nase kribbelt auch – ich will am liebsten ganz schnell weg.

2. O-Maus Och, können wir nicht noch ein wenig hierbleiben? Bei diesem Herodes gibt es sooo gutes Essen.

1. O-Maus Typisch. Du denkst wieder nur ans Essen. Los jetzt, hinterher, sie gehen.

Szene 4: Die Hirten auf dem Feld

Mäuse gehen aufs Feld und kommen in der Nähe der Hirten an.

1. Hirte Es ist schon spät. Ich würde mich gerne schlafen legen.

2. Hirte Gut, lass uns aber erst noch die Schafe zusammentreiben. Ich finde, heute sind alle so unruhig. Hoffentlich ist kein wildes Tier in der Nähe.

3. Hirte So – jetzt sind alle beisammen. Legt euch hin, ich übernehme die erste Wache.

1. B-Maus Guckt mal! Die Hirten legen sich schlafen! Das glaub' ich jetzt nicht. Haben die denn gar nicht gemerkt, was los ist?

Plötzlich wird es noch heller und mehrere Engel treten auf.

2. B-Maus Hilfe – was ist denn jetzt los???

3. Hirte Hey – wacht auf, was ist denn da los? Schnell – schnell!

2. Hirte Ja, was ist denn, ist es schon Tag?? Oh – schaut mal – da ist jemand.

3. Hirte Das glaub' ich jetzt nicht: Das ist ein Engel! – Nein, da sind ganz viele Engel.

Mehrere Engel tauchen auf.

1. Verkünd. Ihr Hirten – hört uns zu – wir haben eine wichtige Botschaft für euch.

2. Verkünd. Fürchtet euch nicht, denn wir verkündigen euch große Freude.

3. Verkünd. Für euch ist heute der Heiland geboren – Jesus Christus.

4. Verkünd. Macht euch auf den Weg nach Bethlehem, dort werdet ihr das Kind finden.

5. Verkünd. Der helle Stern dort zeigt euch den Weg.

1. Verkünd. Zögert nicht, packt eure Sachen und macht euch auf den Weg nach Bethlehem.

2. B-Maus Engel?? – Bethlehem?? – Heiland?? Ich verstehe jetzt gar nix mehr!

1. B-Maus Ich auch nicht. Was soll das denn jetzt alles?

Hirten brechen auf.

3. B-Maus Los, wir gehen mit, ich will wissen, was diese Engel meinen.

1. u. 2. B-Maus Ja – wir kommen mit.

Sie gehen heimlich mit.

Lied: Ein Lied, das zum Gang nach Bethlehem auffordert

Szene 5: Die Hirten kommen zum Stall

1. Hirte Schaut, da vorn der Stall!

2. Hirte Aber die Engel haben doch gesagt, wir finden einen König!

3. Hirte Einen König in einem Stall?

2. Hirte Ja, meinst du, man würde dich in einen Palast hineinlassen?

3. Hirte Und was sollen wir mit einem König, der über uns herrscht? Davon gibt es doch schon genug.

2. Hirte Meinst du, wir finden hier einen König, der auch für uns da ist?

3. Hirte Ich hoffe es, lasst uns in den Stall gehen und nachsehen.

Szene 6: Die Mäuse und die Könige auf dem Weg von Herodes zum Stall

1. O-Maus Oh, wären wir nur nie auf die Idee gekommen mitzureisen.

2. O-Maus Du hast recht, das tagelange Geschaukeltwerden in den Taschen und nichts zu essen – mir ist schon ganz schlecht.

3. O-Maus Verliert doch nicht den Mut. Wir finden bestimmt noch das Königskind.

1. O-Maus Du Träumer – die Reise war umsonst – bin gespannt, wann die Könige das einsehen und umkehren.

2. O-Maus Endlich wieder nach Hause in unseren Palast – denkt nur an das gute Essen!

3. König Da vorn – der Stern, wir sind bestimmt bald da.

2. König Ich glaube, wir haben uns getäuscht, die Schriften falsch gedeutet – es gibt keinen neugeborenen König.

1. König Du hast recht – wir haben uns geirrt. Schade, die Prophezeiungen in den alten Schriften waren so verheißungsvoll, und es schien alles so gut zu passen.

2. König Lasst uns umkehren – wir waren schon zu lange unterwegs.

3. König Wartet doch mal und schaut: Der Stern bewegt sich nicht mehr weiter. Er steht dort vorn auf der Stelle. Lasst uns dort nachsehen.

1. König Was soll da vorne denn sein? Auf jeden Fall kein Palast. Und auf meiner Karte ist auch weit und breit kein Palast eingezeichnet.

2. König Also, ich sehe da vorne einen Stall.

3. König Na los, dann sollten wir dort mal nachsehen.

2. König In einem Stall?? Das glaub' ich jetzt nicht.

1. König Du willst doch nicht, dass wir in einem Stall nachsehen.

2. König Genau – kommt nicht infrage – ich mache mich doch nicht lächerlich. Außerdem sind dort Hirten – ich gehe doch nicht in einen Stall mit Hirten…

3. O-Maus Habt ihr gehört – sie haben das Kind gefunden.

2. O-Maus Sie haben ein Kind gefunden – wer sagt uns, dass wir hier richtig sind. Schaut den armseligen Stall, dort die Hirten, und sieh dir mal diese armseligen Mäuse an, die dort sind. Also, ich hatte etwas ganz anderes erwartet.

Stern Der Stein, den die Bauleute verworfen haben, der ist zum Eckstein geworden. Vom Herrn ist das geschehen und ist ein Wunder vor unsern Augen.

3. O-Maus Der Stern! Er spricht zu uns.

2. O-Maus Aber was soll das bedeuten?

Stern Alle ihr Menschen und Mäuse, merkt euch diese Worte gut. Dieses Kind, das heute noch so ganz schwach hier liegt, wird sich dafür einsetzen, den Menschen klarzumachen, warum es auf die Welt gekommen ist. Es stellt die Ordnung in der Welt auf den Kopf und zeigt, dass das, was verachtet und als unnütz angesehen wird, worüber man die Nase rümpft und womit man gar nichts zu tun haben möchte, der Eckstein, also das Fundament für die ganze Welt ist.

3. O-Maus Eben sagt er uns aber ganz schön die Meinung!

Stern Das Kind besitzt eine so große Macht wie noch nie jemand vorher, aber es wird diese Macht niemals ausnutzen. Und deswegen ist es absichtlich in diesem Stall geboren worden, damit man das versteht. Es ist der mächtigste König und gleichzeitig ist es der unbedeutendste Diener.

3. König Ein Herrscher über viele und zugleich eines jeden Diener – so steht es geschrieben.

Stern Genau so ist es. Und das gilt nicht nur für dieses Kind, sondern für euch alle. Jeder Mensch ist wichtig, egal, ob er ein König ist oder ein bettelarmer Hirte. Nicht das Äußere zählt – ein Mensch ist ein Mensch.

1. O-Maus Und eine Maus ist eine Maus – dass wir nicht von allein darauf gekommen sind. Wir dachten immer, wir seien etwas Besseres, nur weil wir in einem Palast wohnen.

2. O-Maus Kommt, lasst uns zu den anderen Mäusen gehen – wir wollen uns zusammen freuen, dass wir alle bei diesem besonderen Moment dabei sein dürfen.

2. König Was für eine wundervolle Botschaft! Was für eine wundervolle Nacht! *Zu den Hirten:* Freunde, wir freuen uns, euch heute hier zu treffen.

Stern Das ist der Segen dieser Nacht, dieser heiligen Nacht. Wer und was auch immer du bist, du bist du und gleich viel wert wie jeder andere. Gott hebt alle Grenzen und Unterschiede auf – der Mensch allein zählt.

3. O-Maus ... und die Maus.

Lied: Abschlusslied

Iris Dittmar

Übernachten im Stall

Entstanden im Gespräch mit den Mitwirkenden

Inhalt: Es ist Heiligabend, noch vor der Bescherung. Drei Kinder kommen gelangweilt zu ihrer Oma, weil die Eltern durch die Weihnachtsvorbereitungen keine Zeit für sie haben. Die Oma liest die Weihnachtsgeschichte. Diese wird lebendig, indem sie gespielt wird. Die Enkelkinder hören zu und kommentieren.

Anzahl der Spieler(innen): Eine Jugendliche, 9 Kinder, ca. 8–12 Jahre. Männerrollen können auch von Frauen gespielt werden (beiuns waren Bote und Josef weiblich). Hirtenchor und Engelchor (je 2–3 kleinere Kinder), ein Trommler.

Dauer: ca. 20 Minuten

Material: Bibel, Lehnstuhl oder Sessel, Hirtenfeuer, Krippe, gegebenenfalls Stall.

Zielgruppe: Familiengottesdienst am Heiligen Abend, auch Weihnachtsgottesdienst im Seniorenheim

Personen: Oma, 3 Kinder, Kaiserbote, Maria, Josef, Wirt, 3–4 Hirten, Engel, Engelchor, Trommler

Hinweis: Wir beginnen die Krippenspielprobenzeit mit einem Kennenlerntreffen, bei dem ich durch Spiele und Gespräche ergründe, was die Teilnehmer wollen und können. Wichtig ist vor allem, dass die Kinder sich mit ihren Neigungen und Fähigkeiten einbringen können. So hat die Botin jeweils erst auf der Klarinette gespielt, bevor sie ihren Text gesagt hat. Weil die Hirtengruppe (ein 12-Jähriger, drei Kindergartenkinder) nicht geeignet gewesen

wäre, eine interessante Szene zu spielen, haben wir diese Szene durch das Lied mit Sologesang und Chor ersetzt. Kinder, die sich nicht verkleiden oder verstellen wollen, spielen gemeinsam eine Rahmenhandlung – hier die Szene der Oma (einer jugendlichen Teamerin) und der Enkelkinder. Der Junge, der nur trommeln wollte, bekam seine Aufgabe. So etwas kann man beim Nachspielen auch weglassen oder nach eigenen Bedürfnissen austauschen. Wenn die Kinder authentisch sein können, wirkt das Stück.
Am Ende des ersten Treffens steht die Rollenaufteilung. In der darauffolgenden Woche treffen wir uns szenenweise in Kleingruppen, um gemeinsam den Text zu entwickeln. Die Kinder erhalten einen Input – in diesem Fall das Weihnachtsevangelium nach Lukas.
Danach folgen Sprechproben, Spielproben (unabhängig voneinander, damit sich die Kinder auch aufs Spiel konzentrieren und nicht nur einen Text aufsagen) und schließlich komplette Proben der Kleingruppen. Erst bei den letzten beiden Proben kommen alle zusammen. Die Kleingruppenarbeit ist zeitaufwendig für mich, hat aber den Vorteil, dass alle, die anwesend sind, auch einbezogen sind, so dass sich niemand langweilt und stört. Die Proben sind sehr intensiv.

Bühnenaufbau: *Oma und Kinder auf einer Seite der Bühne, die Hirtenszene in der Mitte und der Stall auf der anderen Seite, etwas im Hintergrund. Die Botin spricht zwei Mal im Publikum stehend, beim dritten Mal auf der Bühne. Maria und Josef ziehen durch die Gemeinde, stoppen unterwegs mehrfach.*

Szene 1

Oma im Lehnstuhl, Enkelinnen haben geklingelt. Sie geht zur Tür.

Oma Hallo, ihr drei! Was wollt ihr denn heute hier?
Isolde Oma? Was machst du denn heute?

Pauline Uns ist so langweilig!

Oma Heute, am Heiligen Abend?! Ja, freut ihr euch denn nicht aufs Christkind?

Malina Doch, schon! Aber das dauert ja noch so lange!

Oma Na, dann kommt erst mal rein. *Gehen rein.*

Isolde Und die Mama kocht in der Küche das Weihnachtsessen.

Pauline Und heute dürfen wir ihr nicht helfen. Die ist richtig genervt!

Malina Und der Papa arbeitet schon den ganzen Tag am Computer.

Oma Heute, am Heiligen Abend?

Alle drei Ja!

Oma Na, was machen wir denn dann jetzt?

Isolde Erzähl uns eine Geschichte.

Malina, Pauline Oh ja!

Oma Na, dann lese ich euch heute doch einfach mal die Weihnachtsgeschichte vor. Aber setzt euch erst mal hin! Es begab sich aber zu der Zeit, dass ein Gebot von dem Kaiser Augustus ausging, dass alle Welt geschätzt würde. Und diese Schätzung war die allererste und geschah zur Zeit, da Quirinius Statthalter in Syrien war. (Lk 2,1–2)

Szene 2

Bote kommt von hinten. 3-mal Fanfare und Ansprache, nach dem zweiten Mal hämmert Josef unterhalb der Kanzel, Maria stickt, Bote zuletzt aus der Kanzel Richtung Maria und Josef, die unterhalb ihren Alltag leben.

Bote Leute, hört eine Botschaft eures Kaisers: *Entrollt die Botschaft* Ich, Kaiser Augustus, fordere alle Bürger und Bürgerinnen meines Landes zur Volkszählung auf. Jeder soll in die Stadt seiner Vorfahren gehen und sich dort beim Statthalter melden.

Oma Und jedermann ging, dass er sich schätzen ließe, ein jeder in seine Stadt. Da machte sich auf auch Josef aus Galiläa, aus der Stadt Nazareth, in das jüdische Land zur Stadt Davids, die da heißt Bethlehem, weil er aus dem Hause und Geschlechte Davids war, damit er sich schätzen ließe mit Maria, seinem vertrauten Weibe; die war schwanger. (Lk 2,3–5)

Szene 3

Josef auf Maria zu, sie packen.

Josef Maria! Maria! Hast du das auch gehört?
Maria Was denn?
Josef Was der Bote da gerade gesagt hat.
Maria Nein. Was denn?
Josef Alle Leute sollen in ihre Heimatstadt gehen und sich zählen lassen.
Maria Aber Josef! Dann müssen wir ja nach Bethlehem! Wie soll ich denn jetzt tagelang laufen? Unser Baby kommt doch bald!
Josef Maria, ich weiß! Aber ich glaube, wir müssen gehen.
Maria O je! – Soll ich was zu essen einpacken?
Josef Ja, und Decken für die Nacht.

Szene 4

Wirt, bisher hinter dem Vorhang, geht auf die Bühne und spricht zum Publikum.

Wirt Mein Haus ist jetzt aber wirklich voll! Aber da kommen immer noch Leute! Und die wollen alle Zimmer haben. Schade, dass ich keinen Platz mehr habe… Wieso schickt der Kaiser die alle auf einmal zur Zählung. Er hätte doch wissen müssen, dass dann die Zimmer in den Städten nicht reichen!

Szene 5

Maria und Josef unterwegs – dazu Trommel.

Maria Josef! Warte mal! Ich kann nicht so schnell.

Josef hilft Maria – gehen weiter – dazu Trommel.

Maria Josef, ich kann nicht mehr! Können wir nicht eine Pause einlegen?

Josef Wir müssen aber weiter! Komm, das packen wir!

weiter mit Trommel

Maria Bitte, Josef, können wir nicht endlich eine Pause einlegen?

Josef Schau mal, Maria, da vorne sind die ersten Häuser!

Maria und Josef kommen zum Wirt, rufen an den Altarstufen, Wirt ist hinterm Vorhang.

Josef Hallo! Ist da jemand?

Wirt *kommt hervor* Was wollt ihr?

Josef Wir mussten hierher kommen. Und meine Frau kriegt bald ihr Kind! Ist hier noch ein Zimmer frei?

Wirt Nein, ich habe kein Zimmer mehr frei. – Wollt ihr in meinem Stall übernachten?

Maria Ja! Bitte! Bloß hinsetzen.

Wirt Kommt!

Oma Und als sie dort waren, kam die Zeit, dass sie gebären sollte. Und sie gebar ihren ersten Sohn und wickelte ihn in Windeln und legte ihn in eine Krippe; denn sie hatten sonst keinen Raum in der Herberge. (Lk 2,6–7)

Szene 6

Isolde springt auf.

Isolde Im Stall sollen die übernachten?

Pauline Da ist es doch ganz kalt und nass!

Malina Und wo sollen denn die Tiere dann hin?

Oma Na ja, ein Stall ist immer noch besser als überhaupt kein Dach über dem Kopf.

Pauline Ja, das stimmt!

Isolde Aber unfair finde ich das doch! Die Maria kriegt doch bald ein Baby.

Lied: Kommet, ihr Hirten, EG 48,1

Dabei Kulissenwand stellen.

Szene 7

Oma Und es waren Hirten in derselben Gegend auf dem Felde bei den Hürden, die hüteten des Nachts ihre Herde. (Lk 2,8)

Hirten und Schafe am Feuer, Gitarrenmusik, legen Feuer nach, schnitzen, nähen… Nach und nach legen sich die Hirten hin und schlafen ein.

Szene 8

Verkündigungsengel kommt mit Harfenbegleitung.

Oma Und der Engel des Herrn trat zu ihnen, und die Klarheit des Herrn leuchtete um sie; und sie fürchteten sich sehr. Und der Engel sprach zu ihnen: (Lk 2,9–10a)

Verkünd. Fürchtet euch nicht! Siehe, ich verkündige euch große Freude, die allem Volk widerfahren wird; denn euch ist heute der Heiland geboren, welcher ist Christus, der Herr, in der Stadt Davids. Und das habt zum Zeichen: Ihr werdet finden das Kind in Windeln gewickelt und in einer Krippe liegen. (Lk 2,10 b–12)

Oma Und alsbald war da bei dem Engel die Menge der himmlischen Heerscharen, die lobten Gott und sprachen: Ehre sei Gott in der Höhe und Friede auf Erden bei den Menschen seines Wohlgefallens. (Lk 2,13–14)

Engelchor und Flöten

Lied: Engel haben Himmelslieder (Text: Lieselotte Holzmeister, Melodie aus Frankreich)

Refrain mit Gemeinde singen

Oma Und als die Engel von ihnen gen Himmel fuhren, sprachen die Hirten untereinander: Lasst uns nun gehen nach Bethlehem und die Geschichte sehen, die da geschehen ist, die uns der Herr kundgetan hat. (Lk 2,15)

Hirtenlied Als ich bei meinen Schafen wacht (Text und Melodie aus Lothringen)

Solo des ersten Hirten, Wiederholungen singen alle – abgehen hinter den Vorhang, Kulissenwand weg.

Szene 9

Maria sitzt im Stall, wiegt ihr Kind.

Maria Gott, ich danke dir von ganzem Herzen für das Kind, das du mir geschenkt hast. Erst habe ich gar nicht daran geglaubt, dass ich jetzt ein Kind kriege… Und dann der weite Weg! Musste das sein? – Na ja, aber jetzt ist es da und gesund, und ich bin die glücklichste Frau auf der Welt. Amen.

Szene 10

Malina steht auf, geht zur Oma und sagt dann:

Malina Das ist aber schön, dass die Maria sich jetzt doch so über ihr Kind freuen kann.

Pauline Und jetzt kommen ja auch noch gleich die Hirten zu Besuch!

Oma Und sie kamen eilend und fanden beide, Maria und Josef, dazu das Kind in der Krippe liegen. (Lk 2,16)

Szene 11

Hirten: Ankunft am Stall durch die vordere Saaltür, ankommen, über Krippe beugen, niederknien – dazu singt die Gemeinde:

Lied: Kommet, ihr Hirten, EG 48,2

Oma Als sie es aber gesehen hatten, breiteten sie das Wort aus, das zu ihnen von diesem Kinde gesagt war. Und alle, vor die es kam, wunderten sich über das, was ihnen die Hirten gesagt hatten. Maria aber behielt alle diese Worte und bewegte sie in ihrem Herzen. Und die Hirten kehrten wieder um, priesen und lobten Gott für alles, was sie gehört und gesehen hatten, wie denn zu ihnen gesagt war. Und als acht Tage um waren und man das Kind beschneiden musste, gab man ihm den Namen Jesus, wie er genannt war von dem Engel, ehe er im Mutterleib empfangen war. (Lk 2,17–21)

Alle nehmen Aufstellung zum Schlusslied.

Lied: Stille Nacht, EG 46

Iris Dittmar

Alle Jahre wieder

Entstanden im Gespräch mit den Mitwirkenden

Inhalt: Vier Jugendliche unterhalten sich über die Advents- und Weihnachtszeit. Sie merken, dass es unterschiedliche familiäre Riten, aber auch allgemein gültige Traditionen gibt. Manches kritisieren sie oder stellen es infrage. Aber für alle gehört das Krippenspiel in der Kirche zum Heiligen Abend dazu, das dann folgt.

Anzahl der Spieler(innen): 4 Jugendliche, 14 Kinder mit Sprechrollen, 2 stumme Rollen, Engelchor

Dauer: ca. 30 Minuten

Material: Einkaufstaschen, Hirtenfeuer, Stern (kann auch an der Decke hängen oder überm Stall stehen), Krippe, Lichteffekte.

Zielgruppe: Familiengottesdienst am Heiligen Abend

Personen: 4 Jugendliche, Kaiser Augustus, Kaiserbote, 3 Wirte (kann man auch reduzieren), Maria, Josef, 3 Heilige Könige, Sternträger (stumme Rolle, kann auch entfallen), 3-4 Hirten, Engel, Engelchor.

Hinweis: Die Jugendlichen hatten zum ersten Treffen die Hausaufgabe, sich zu überlegen, was ihnen an Weihnachten wichtig ist und was ihnen auf die Nerven geht. Die gesammelten Ergebnisse bildeten die Basis für die Eingangsszene.

Für die Szenen des eigentlichen Krippenspiels habe ich den Kindern jeweils Textstellen der Bibel vorgelesen, die wir dann in einem neuen Text verarbeitet haben.

Wichtig ist auch, dass die Kinder nicht nur Text lernen, sondern sich damit auseinandersetzen, wie die Figur, die sie spielen, gelebt hat und das in ihrem Spiel aufgreifen.

Auf dem Weihnachtsmarkt.
Alissa kommt von einer Seite herein, Isolde mit Tüten bepackt von der anderen.

Alissa Hi!
Isolde Hallo Alissa!
Alissa Was hast du schon alles gekauft?
Isolde Ich habe einfach nur das gekauft, was ich meinen Brüdern und meinen Eltern zu Weihnachten schenken will.
Alissa Ich weiß nicht, was ich schenken soll.

Ella und Leonie kommen dazu.

Ella Ich bastele immer was. Das könntest du doch auch mal machen. Ich finde es doof, wenn immer einfach Geschenke gekauft werden.
Isolde Ich kaufe lieber was. Denn wenn ich bastele, sehen es meine Brüder schon, weil sie immer zu mir ins Zimmer kommen.
Leonie Außerdem sind gekaufte Sachen teurer und wertvoller als gebastelte.
Ella Das kommt auf das Material an.
Alissa Ich helfe lieber bei Aktionen mit, als dass ich was kaufe.
Leonie Ich würde auch lieber was mithelfen, als Sachen zu kaufen.
Isolde Was meint ihr denn damit?
Alissa Wir basteln Sachen und verkaufen sie für „Menschen für Menschen“.

Ella Wir schicken immer Weihnachtskarten an Kinder in England.

Isolde Wir schicken ja auch Päckchen – und zwar nach Rumänien.

Leonie Manche vergeuden das ganze Geld für Geschenke...

Ella ...oder für Lichter...

Alissa ...oder für Bäume.

Isolde Ich finde das auch blöd! Deshalb werden ganz viele Bäume getötet.

Ella Und bei den Lichtern...

Alissa Warum „bei den Lichtern"?

Leonie Weil da sehr viel Strom verbraucht wird, und das schadet auch der Natur.

Alissa Warum schadet es der Natur?

Ella Das viele Licht irritiert die Tiere.

Leonie Und überleg auch mal, was das kostet!

Isolde Warum redet ihr eigentlich nur über das, was ihr schlecht findet? Eigentlich ist Weihnachten doch ein fröhliches Fest.

Leonie Stimmt. Weihnachten ist das Fest der Liebe.

Ella Deshalb bastele ich doch was: damit sie alle merken, dass ich ganz lange an sie gedacht habe, weil ich sie liebhabe.

Alissa In der Weihnachtszeit fahren wir auch jedes Jahr zur Oma.

Isolde Bei uns kommt die Oma nur alle vier Jahre, weil sie alle Kinder und Enkelkinder abwechselnd besucht.

Leonie Wir besuchen die Cousine meiner Mutter.

Ella Wir feiern zu Hause. Aber erst gehen wir noch in die Kirche.

Leonie Das ist doch lustig: Weihnachten ist bei jeder von uns ein bisschen anders. Aber es ist bei uns allen alle Jahre wieder gleich.

Alissa Alle Jahre wieder gibt es auch ein Krippenspiel in der Kirche. Und das wollen wir uns jetzt mal ansehen:

Beim Kaiser Augustus

Wache stellt sich an die Treppe, frontal zum Publikum.

Augustus tritt auf.

Augustus Wache, komm her!
Wache Zu Diensten.
Augustus Überbringe eine Nachricht für mich: Das ganze Land soll sich zählen lassen. Jeder soll dafür in seine Heimatstadt gehen. Geh los und verteile diese Nachricht im ganzen Land!
Wache Jawohl, mein Herr.
Augustus Bis in einem Monat sollen alle gezählt sein.
Wache Bin schon weg…

Wache verlässt zügig die Bühne, geht durch Seitengang nach hinten.

Augustus Mal sehen, wie viele Leute in meinem Land leben. Wo leben sie jetzt? Und wo sind sie ursprünglich hergekommen?

Wache jetzt hinten im Raum, ruft:

Wache Hört mir zu; ich habe eine Nachricht vom Kaiser: Ihr sollt alle bis in einem Monat in eurer Heimatstadt angekommen sein und euch dort zählen lassen.

Wache geht bis an die Treppe und ruft noch mal:

Wache Hört mir zu; ich habe eine Nachricht vom Kaiser: Ihr sollt alle bis in einem Monat in eurer Heimatstadt angekommen sein und euch dort zählen lassen.

Auf nach Bethlehem

Maria und Josef kommen derweil von hinten durch den Mittelgang zur Bühne. Dort sind drei Gasthäuser (während des Liedes aufbauen). Josef klopft beim ersten Gasthaus an.

Ellen Was wollt ihr?
Josef Haben Sie ein Zimmer frei?
Ellen Nein, habe ich nicht.

Haut die Tür zu.

Maria und Josef gehen weiter zum Zweiten. Josef klopft.

Tim Was wollt ihr denn?
Josef Haben Sie ein Zimmer frei?
Tim Nein, habe ich leider nicht.
Maria Lassen Sie mich doch rein. Ich bin müde.
Tim Das geht leider nicht. Probiert es doch mal da drüben im Gasthaus.
Maria Danke schön.
Tim Tschüss.

Maria und Josef gehen weiter. Josef klopft.

Max Was kann ich für euch tun?
Josef Wir suchen ein Zimmer. Meine Frau bekommt bald ihr Kind.
Max Ich habe leider kein Zimmer mehr frei.
Maria Habt ihr nicht irgendwo einen Platz für uns?
Max Ich weiß nicht… Das Einzige, was ich noch hätte, wäre ein Stall.
Maria Jetzt bin ich aber froh, dass ich einen Platz zum Bleiben habe.
Josef Danke schön! Wir gehen gleich hin.

Maria und Josef gehen in den Stall.

Weit entfernt

Auf der Empore treffen die drei Könige zusammen. Dort Licht an, Bühnenlicht aus. Sternträgerin kommt von hinten und geht bis zur Saalmitte.

Melchior Hallo!
Balthasar Hallo!
Melchior Folgt Ihr auch dem Stern?
Kaspar Ja!
Balthasar Dann lasst uns zusammen weiterziehen.

Auf dem Feld

Während der vorhergehenden Szene leise Häuser weg, Feuerstelle hin. Malina sitzt da und strickt. Felix und Simon spielen Karten. Joshua kümmert sich um das Feuer. Die Schafe schlafen. Emporenlicht aus, Bühnenlicht an.

Joshua Hast du noch einmal nach den Schafen geschaut?
Malina Ja. Sie schlafen alle.
Felix Ich bin auch müde.
Malina Legt euch ruhig hin. Ich halte heute Nacht Wache.
Joshua Dann geh' ich auch schlafen.

Leise Musik. Unterdessen erscheint der Verkündigungsengel hinter dem Rücken von Malina. Lichtstrahler. – Malina dreht sich um, erschrickt, fängt sich schnell und weckt die anderen.

Engel Fürchtet euch nicht! Siehe, ich verkündige euch große Freude, die allem Volk widerfahren wird; denn euch ist heute der Heiland geboren, welcher ist Christus, der Herr, in der Stadt Davids. Und das habt zum Zeichen: Ihr werdet finden das Kind in Windeln gewickelt und in einer Krippe liegen.

Engelschar tritt hinzu und singt.

Lied der Engel
Abgang der Engel

Joshua Auf, lasst uns nach Bethlehem gehen. Wir wollen sehen, ob das da wirklich passiert ist.

Malina Ja. – Aber: was ist dann mit den Schafen?
Felix Die Schafe können doch mitkommen.
Malina Das wird wohl das Beste sein.

Hirten gehen zur Krippe, untermalt mit Musik.

Josef Schön, dass ihr hier seid! Hier ist der Sohn Gottes geboren.
Joshua Das hat uns der Engel gesagt.
Malina Ich habe dem Kind was mitgebracht: einen Schal, damit es nicht friert.
Maria Danke!

Hoher Besuch

Stern steht jetzt am Fuße der Kanzel. Herodes thront (darin?). Die Könige kommen an.

Melchior Wo ist denn der neugeborene König?
Balthasar Wir haben seinen Stern gesehen.
Kaspar Wir wollen ihn anbeten.
Herodes Das weiß ich auch nicht. Ich frag' mal meine Berater.
Melchior Dann suchen wir uns erst einmal ein Quartier für diese Nacht.
Herodes Wer weiß von euch, wo hier ein König geboren ist? Ach so, in Bethlehem? Ich schicke einen meiner Diener zu den Königen, dass sie zu mir kommen.

Geht hintern Vorhang. Kurze Pause. Kommt zurück. Könige kommen zugleich von unten.

Balthasar Was willst du von uns?
Herodes Der König ist in Bethlehem geboren. Geht hin und sucht ihn, und dann kommt wieder und sagt mir, wo er ist. Ich will ihn auch anbeten.
Balthasar Ja, wir werden uns sofort auf den Weg machen.
Kaspar Schaut mal, da ist wieder der Stern!

Melchior Ja, dem folgen wir.

Gehen zum Stall.

Balthasar Herzlichen Glückwunsch!
Maria Danke, das ist sehr nett von euch.
Melchior Hallo. Ich bin der König Melchior und bringe euch Weihrauch.
Kaspar Ich bin der Kaspar und ich habe euch Gold mitgebracht.
Balthasar Und ich heiße Balthasar und habe Myrrhe mitgebracht.
Josef Vielen Dank!

Lied: Alle Jahre wieder (Text: Wilhelm Hey, Melodie: Friedrich Silcher)

Martin C. G. Körber

„Ist auch mir zur Seite …“

Uraufführung Weihnachten 2003

Inhalt: Einem Zeitungsleser werden vom Erzengel Gabriel die weihnachtlichen Szenen (Herbergssuche, Verkündigung der Hirten, Geburt) gezeigt, wobei er nur langsam dem Geheimnis der Menschwerdung Gottes auf die Spur kommt.

Anzahl der Spieler: Außer dem Spielleiter und dem Beleuchter mindestens 14 Mitspieler, weitere Hirten und Engel möglich. Der Mann mit der Zeitung sollte auf jeden Fall von einem Erwachsenen gespielt werden. Der 1. und 2. Wirt können in das Spiel einbezogene Gottesdienstbesucher sein (mit kurzer Vorbereitung). Alle anderen Rollen können unabhängig vom Geschlecht sowohl von Kindern als auch von Erwachsenen gespielt werden.

Dauer: ca. 30 Minuten

Material: Kostüme, Beleuchtung, Lehnstuhl, Krippe

Zielgruppe: Familiengottesdienst am Heiligen Abend, Gemeindeweihnachtsfeiern

Personen: Der Mann mit der Zeitung, Gabriel, 2. Engel, 3. Engel, weitere Engel, Maria, Josef, 1. Wirt, 2. Wirt, 3. Wirt, Wirtin, Frau des 3. Wirts, Johanna, Dienstmädchen, 1. Hirte, 2. Hirte, 3. Hirte, weitere Hirten, Spielleiter, Beleuchter.

Hinweis: Wichtig ist, dass die Aussage des Stückes deutlich herauskommt, so dass es keiner besonderen Weihnachtspredigt mehr bedarf. Damit kann der Gottesdienst so kurz gehalten werden (einschließlich der Gebete und Ansagen), dass die Kinder nicht überfordert werden. Wichtig ist auch, dass die Engel geordnet und ruhig geführt werden (wie in einem Reigen) und genügend Zeit für ihre Auftritte haben.

Orgelvorspiel und Einzug mit Kerzen. Die Engel löschen die Kerzen und stellen sie vorn vor dem Altarraum ab.
Im Altarraum: hinten rechts die Krippe, hinten links ein Sessel und eine Stehlampe. Dort auch ein Standmikrofon. Ein Strahler an der Kanzel, auf die Krippe ausgerichtet, zunächst ausgeschaltet.

Lied: Vom Himmel hoch, EG 24,1–2+5+9

Während des Liedes gehen Maria und Josef zum Kircheneingang. Der Mann nimmt seinen Platz ein. Gabriel in seiner Nähe.

Spielleiter Vor zweitausend Jahren lebte in der großen Stadt Rom ein mächtiger Kaiser. Und so ein mächtiger Kaiser braucht viel Geld: für seine Paläste und Burgen, für seine Soldaten und für sein Vergnügen. Deshalb befahl er, dass alle Menschen in seinem Reich eine besondere Steuer bezahlen sollten. Damit keiner sich drücken konnte, sollten alle Leute in ihren Geburtsort gehen. Dort mussten sie sich in die Steuerlisten eintragen lassen.
Viele Leute wohnten nicht mehr in ihrem Geburtsort. Sie waren umgezogen. Die waren nun alle unterwegs, um das Gebot des Kaisers zu befolgen. Auch Maria und Josef. Sie wanderten nach Bethlehem. Denn dort war Josef geboren.
Das war auch die Zeit, in der viele Menschen auf den Messias warteten. Sie hofften, dass Gott ihn als Retter zu ihnen schicken würde, um sie zu befreien – von Armut und Not und von ungerechten Kaisern.

Stehlampe an. Ein Mann sitzt auf einem Stuhl, die Stehlampe neben sich, und liest Zeitung.

Mann ...Krieg...Gewalt...Flüchtlinge...Hunger...unsauberes Wasser...kranke Kinder...Schrecklich, schrecklich! Ich frage mich, wie Gott das alles zulassen kann, all dies Elend auf der Welt!

Gabriel *tritt neben ihn.* Hey!

Mann Was machst du denn hier? Ein Engel? Das kann doch nicht wahr sein!

Gabriel Ich möchte dir mal was zeigen. Dann kannst du sehen, was Gott zu all dem Elend sagt.

Mann Da bin ich aber gespannt!

Der Mann und Gabriel betrachten, was sich im Mittelgang abspielt. Die Stehlampe wird gelöscht. Maria und Josef kommen durch den Mittelgang.

Maria Josef, mir ist so kalt. Ich bin so müde. Und ich glaube, das Kind wird bald geboren. Aber wir sind immer noch auf der Straße.

Josef Wir sind ja schon in der Stadt. Da wird sich bestimmt ein warmes Zimmer finden. Hier werde ich es mal versuchen. *Er klopft.*

1. Wirt Was wollt ihr?

Josef Wir suchen ein Zimmer für heute Nacht.

1. Wirt Hier ist alles voll.

Sie gehen weiter und klopfen an.

2. Wirt Was ist denn los?

Josef Habt ihr ein Zimmer für uns? — Nur für heute Nacht!

2. Wirt Was bildet ihr euch denn ein! Hier ist längst alles besetzt.

Sie gehen weiter.

Maria Sag doch den Leuten, dass ich ein Kind bekomme.
Josef Ich glaub nicht, dass das was nützt. *Klopft.*
3. Wirt *in der vordersten Reihe.* Was wollt ihr denn noch so spät?
Josef Wir suchen eine Unterkunft für heute Nacht.
3. Wirt Ihr habt keine Ahnung, wie viele Leute heute schon nach Bethlehem gekommen sind. Hier ist alles überfüllt. Die wollen sich alle in die Listen eintragen lassen. Tut mir leid!
Maria Warte noch! Wir sind mit allem zufrieden. Ich bekomme bald mein Kind.
Wirtin Was ist denn da los? Mach die Tür zu! Es wird kalt.
3. Wirt Sie sagen, dass sie ein Kind kriegt!
Wirtin Das kann ja jeder sagen. *Sieht Maria von oben bis unten an.* Na gut. Aber ein Zimmer haben wir nicht mehr. Ihr könnt im Stall schlafen. *Ruft nach hinten:* Johanna!
Johanna Jaha! *Sie erscheint.*
Wirtin Bring die beiden mal rüber in den Stall, wo der Ochse und der Esel sind.
Johanna Kommt mit! ... Ihr braucht keine Angst zu haben. Unser Esel beißt nicht.

Die Stehlampe wird angeschaltet.

Mann Und, was hat das mit Gott zu tun? Das sind doch nur wieder ganz arme Schweine. Jetzt hocken sie da im Viehstall. Besonders warm ist es da auch nicht. Wieder so ein Beispiel von Elend.
Gabriel Genau. Aber warte mal ab!

Stehlampe aus.

Spielleiter In dieser Nacht wird das Kind geboren.

Lied: Stille Nacht, EG 46,1–3

Währenddessen kommen die Hirten rechts in den Altarraum, die ersten drei Hirten stehen, die anderen liegen.

1. Hirte Ist das heut Nacht wieder kalt! Wenn man wenigstens einen warmen Mantel hätte!

2. Hirte Bei dem Hungerlohn, den wir kriegen, kannst du nur davon träumen!

3. Hirte Nicht mal satt essen kann man sich hier.

1. Hirte Aber schlafen kannst du hier umsonst.

2. Hirte Ha, ha, sehr witzig!

3. Hirte Hast du schon mal in einem Bett geschlafen?

1. Hirte Kein Bedarf. Da ist alles voller Wanzen und Flöhe. Da schlaf ich lieber hier auf der Erde.

2. Hirte Na gut, schlafen wir erst mal ne Runde.

Stehlampe an. Drei Engel zünden ihre Kerzen an.

Mann Das wird ja immer elender! Meine Güte, die können sich nicht mal ein richtiges, sauberes Bett vorstellen!

Gabriel Ich muss dich jetzt mal verlassen. Ich hab zu tun. Aber pass genau auf, was jetzt passiert!

Stehlampe aus.
Gabriel geht zu den anderen Engeln: Sie ziehen von unten um den gesamten Altarraum herum und gehen nun auf die Hirten zu. In der Mitte des Altarraums bleiben sie stehen.

3.Hirte Ey, wacht auf, ihr beiden!

1. Hirte Was ist denn los? Ich hab noch gar nicht richtig geschlafen.

3. Hirte Guck doch, der Himmel wird plötzlich so hell!

2. Hirte Da stimmst was nicht. Ich hab Angst!

Gabriel Habt keine Angst! Ich habe eine frohe Botschaft für euch und für alle Menschen. Heute ist euer Retter geboren. Der Messias ist da! Und daran werdet ihr ihn erkennen: Ein neugeborenes Kind, in Windeln. Und es liegt in einer Futterkrippe im Stall.

Scheinwerfer an.

Alle Engel Ehre sei Gott in der Höhe!

2. Engel Gott macht Frieden mit den Menschen auf der Erde.
3. Engel Im Stall von Bethlehem könnt ihr ihn finden!
Alle Engel Gloria, in excelsis deo *aus dem folgenden Lied.*
Spielleiter Wir stimmen nun alle mit in den Lobgesang der Engel ein: Hört, der Engel helle Lieder.

Die Engel ziehen sich während des Liedes wieder zurück, wie sie gekommen sind. Kerzen aus.

Lied: Hört, der Engel helle Lieder, EG 54,1–3

1. Hirte Nichts wie hin. Das muss ich sehen.
2. Hirte Kannst du das glauben: der Retter, der Messias, in einem Stall geboren?
3. Hirte Wieso, der Engel hat es doch gesagt.
1. Hirte Und Engel lügen nicht. Ich würde ihm auch glauben, wenn er sagt: Gott selbst liegt in der Krippe.
2. Hirte Und du meinst, das lässt er ausgerechnet uns sagen?
3. Hirte Vielleicht hat Gott gesehen, dass wir hungern und frieren.
2. Hirte Na gut, gehen wir mal hin.

Stehlampe an. Gabriel stellt sich wieder zu dem Mann.

Mann Was soll denn da Besonderes an diesem Kind sein? Diese armen Leute können den Hirten doch wirklich nicht helfen. Die haben ja selbst nichts.
Gabriel Vielleicht liegt darin das Geheimnis dieser Nacht.
Mann Wie bitte? Das verstehe ich nicht.
Gabriel Und wenn der eine Hirte das Rätsel schon fast gelöst hätte?
Mann Wie meinst du das?
Gabriel Als er gesagt hat, er würde auch glauben, dass Gott selbst in der Krippe liegt.
Mann Das ist mir zu hoch.

Stehlampe aus. Die Engel nehmen ohne Kerzen hinter Maria und Josef Aufstellung. Strahler im Altarraum an.

Maria und Josef singen. Die Engel summen das Lied mit.

Maria Josef, lieber Josef mein, hilf mir wiegen mein Kindelein. Gott der wird dein Lohner sein, im Himmelreich der Jungfrau Sohn, Maria.

Josef Gerne, liebe Maria mein, helf ich dir wiegen dein Kindelein. Gott der wird mein Lohner sein, im Himmelreich der Jungfrau Kind, Maria. (*aus dem 14. Jh.*)

Die Hirten kommen langsam näher.

1. Hirte Da ist es!
2. Hirte Irgendwie ist das sehr schön hier.
3. Hirte Das ist ein besonderes Kind. Das merkt doch jeder.
1. Hirte Ich hab gar kein Geschenk.
2. Hirte Ich hab auch nichts.
3. Hirte Das macht doch nichts. Hier bekommen wir etwas geschenkt. Guckt euch mal die Augen des Kindes an!
1. Hirte Ich glaub, es schaut uns an.
2. Hirte Wenn das der Messias ist…
3. Hirte …dann schaut er uns mit den Augen dieses Kindes an!
Maria Das hat der Engel auch zu mir gesagt: Er wird ‚Gottes Sohn' genannt werden.
1. Hirte Dann wäre heute Nacht Gott zu uns gekommen.
2. Hirte …und selbst ein armer Mensch. So wie wir.
3. Hirte Einer von uns.
1. Hirte Dann ist er ja bei uns!

Stehlampe an.

Mann Wer's glaubt, wird selig.
Gabriel Genau!
Mann Wieso?
Gabriel Du hast eben gesagt: Wer's glaubt, wird selig. Wer glauben kann, dass Gott ein Mensch geworden ist, arm, in einem Viehstall, der kann wirklich froh sein.

Mann Du meinst, weil Gott dann selbst bei den Armen und Elenden ist und sich neben sie stellt?

Gabriel Ich glaub, du hast es begriffen.

Mann Dann wäre Gott jetzt auch bei mir?

Gabriel Da fragst du noch? Wo sein Engel die ganze Zeit neben dir steht?

Mann Dass Gott so nahe bei den Menschen ist, sogar in einem Viehstall, das hätte ich nicht gedacht.

Gabriel Das muss einem eben gesagt werden. So wie wir es allen Leuten sagen, die heute Abend hier sind. *laut zur Gemeinde* Leute, heute ist euer Retter geboren. Der Messias ist da! Und daran werdet ihr ihn erkennen: Ein neugeborenes Kind, in Windeln. Und es liegt in einer Futterkrippe im Stall.

Stehlampe bleibt an.

Spielleiter Dass Gott zu uns Menschen gekommen ist, um unser Schicksal zu teilen und mitzutragen – das ist die wunderbare Botschaft der Weihnacht. Seit sie zum ersten Mal von den Engeln bei den Hirten angesagt wurde, freuen wir uns darüber, dass das Kind geboren wurde und dass es nun für immer an unserer Seite ist. Das wollen wir nun gemeinsam singen.

Lied: Alle Jahre wieder (Text: Wilhelm Hey, Melodie: Friedrich Silcher)

Spielleiter Die Hirten liefen voller Freude und voller Erwartung zur Krippe. Auch wir werden dazu aufgerufen, zu diesem Kind zu kommen und ihm unsere Freude und unsere Liebe zu zeigen. Weil das nun aus Platzgründen nicht für uns alle möglich ist, rufen wir wenigstens alle Kinder auf, die heute hier sind: Kommt her, stellt euch neben die Hirten, kommt her zu der Krippe, zu Maria und Josef und dem Kind!

Lied: Ihr Kinderlein, kommet, EG 43,1–4

Martin C. G. Körber

Die Könige

Uraufführung Weihnachten 2000

Inhalt: Dreikönigsspiel. Den drei Königen aus dem Morgenland stehen der Kaiser Augustus, der König Herodes und das Kind in der Krippe gegenüber. Nachdem sie das Kind in der Krippe angebetet haben, wird ihnen in einem Traum ein neuer Weg in die Heimat gewiesen. Auch der Kaiser hat einen Traum und sieht das Kind in der Krippe.

Anzahl der Spieler(innen): Mindestens 14 Spieler(innen), Erzählerin, Beleuchterin. Alle Rollen können von Kindern oder Erwachsenen beiderlei Geschlechts übernommen werden, wenn sie auch eher für kleinere Kinder gedacht sind. Der Traumengel sollte auf jeden Fall von einem kleineren Kind gespielt werden.

Dauer: ca. 35 Minuten

Material: Kaiser- bzw. Königsthron, Krippe, Strahler zum Anleuchten des Throns, beleuchteter Stern über der Krippe (am besten: Herrnhuter Stern), Triangel (für den kleinen Traumengel), Schellenkränze und Schellenstab der Könige, drei große Bücher für die Schriftgelehrten

Zielgruppe: Familiengottesdienst zu Weihnachten oder am Dreikönigstag (Epiphanias), Kindergottesdienst zu Weihnachten

Personen: Kaiser Augustus, Finanzminister, Zwei Wachen (mindestens, um den Zugang zu Kaiser bzw. König zu versperren), 1. König Kaspar, 2. König Melchior, 3. König Balthasar (bei „sehr kleinen" Königen wird eine Begleiterin benötigt), König Herodes, 1. Gelehrter, 2. Gelehrter, 3. Gelehrter, (bei Bedarf auf 1 beziehungsweise zwei Personen zu kürzen, Rolle kann auch vom Finanzminister des Herodes übernommen werden), Maria, Josef, ein kleiner Engel. Weitere Engel (mindestens drei), Erzählerin, Fanfarenbläser (Orgel), Betreuerin der Engel (Oberengel), Beleuchterin

Hinweis: Die Rollentexte sind vorwiegend sehr kurz gefasst, damit sie auch von recht kleinen Kindern gesprochen werden können. Eventuell kann die Erzählerin (oder eine andere Person) sie ihnen leise vorsprechen. Die Texte des Finanzministers können abgelesen werden. Teilweise wird das Geschehen vom Erzähler berichtet. Diese Texte können natürlich auch in direkter Rede ausformuliert und ausgespielt werden.

Über der Krippe leuchtet der Herrnhuter Stern.

Szene 1: Im Palast des Kaisers

Links im Altarraum: Großer Stuhl mit rotem Tuch bedeckt. Auf dem Thron sitzt der Kaiser Augustus. Davor Wachen. (Der Thron des Augustus wird angestrahlt.)

Orgel Fanfare

Erzählerin Wir befinden uns in der Hauptstadt des römischen Reiches. Hier herrscht der Kaiser Augustus. Er hat große Sorgen. Denn er will sich einen großen Palast bauen, aber er hat zu wenig Geld. – Jetzt kommt der Finanzminister. Wir wollen einmal sehen, was er beim Kaiser will.

Der Finanzminister tritt von der ersten Reihe her auf. Die Wachen treten beiseite. Der Finanzminister geht zum Kaiser, verneigt sich. Der Kaiser macht eine huldvolle Handbewegung.

Finanzminister O mächtiger Kaiser Augustus, dir fehlt das Geld um dir ein schönes neues Haus zu bauen. Ich habe eine Idee, die dir sicher gefallen wird: Wir machen eine Steuerreform.

Erzählerin Und nun erklärt er dem Kaiser, wie das gehen könnte: Jeder müsste in den Ort gehen, wo er geboren ist und dort eine Sondersteuer bezahlen, ganz gleich, ob er arm oder reich ist. Der Kaiser ist über diesen Vorschlag hocherfreut und beauftragt den Minister gleich, die Steuer einzukassieren. Das hatte der Minister erwartet. Deshalb hat er schon alles vorbereitet und gibt dem Volk gleich die neue Steuer bekannt.

Finanzminister Herhören! Befehl des Kaisers! Alle müssen in den Ort gehen, wo sie geboren sind und sich in die neuen Steuerlisten eintragen lassen. Und nicht vergessen: 20 Euro mitnehmen, damit ihr auch gleich bezahlen könnt.

Lied: Tochter Zion EG 13,1–3

Szene 2: Palast des Königs Herodes

Stuhl erhält ein blaues Tuch. Herodes und seine Wachen nehmen Platz. Durch den Mittelgang kommen die drei Könige mit Schellenkränzen und Schellenstab.

Erzählerin Hier kommen drei Könige aus dem Morgenland. Das ist die Gegend, in der die Sonne aufgeht. Ich werde sie einmal fragen, woher sie kommen. O großer König, woher kommst du?

1. König Ich komme aus Kabul, das liegt in Afghanistan.

Erzählerin O großer König, woher kommst du?

2. König Ich komme aus Kalkutta, das liegt in Indien.

Erzählerin O großer König, woher kommst du?

3. König Ich komme aus Kairo, das liegt in Afrika.

Erzählerin Aber was macht ihr denn hier in diesem Land?

1. König Wir suchen einen neugeborenen König. Wir haben seinen Stern gesehen. Und der steht über diesem Land. Aber wo ist hier denn der Palast eines Königs?

Erzählerin Der ist in Jerusalem. Ihr steht schon direkt davor. Ich werde euch am besten gleich beim König Herodes anmelden.

1. König Tu das bitte.

Licht fällt auf den Stuhl in der Mitte des Altarraums. Auf dem Stuhl sitzt Herodes. Die Wachen treten zur Seite.

Erzählerin Hier sind drei Könige, die zu dir wollen, o König!

Herodes Wer seid ihr, und was wollt ihr in meinem Land?

1. König Ich heiße Kaspar und komme aus Kabul.

2. König Ich heiße Melchior und komme aus Kalkutta.

3. König Ich heiße Balthasar und komme aus Kairo.

1. König Wir haben den Stern eines mächtigen Königs gesehen, der neu geboren ist. Wir sind gekommen, um ihn anzubeten. Wo ist er?

Erzählerin Der König Herodes ist sehr erstaunt. Er weiß nichts von solch einem neugeborenen König. Deshalb bekommt er es auch mit der Angst zu tun. Denn er ist sehr hart und grausam. Aber dieser neugeborene König scheint ja sehr mächtig zu sein, wenn zu seiner Geburt sogar ein besonderer Stern erscheint. Ob er Herodes vielleicht vom Thron verjagen würde? Sofort lässt der König die größten Gelehrten seines Landes rufen.

Der König macht eine Handbewegung. Dann treten drei Schriftgelehrte mit je einem großen Buch von links auf und verbeugen sich vor dem König.

Herodes Was wisst ihr von einem mächtigen neugeborenen König? Wo wird er geboren?

1. Gelehrter In der Bibel steht: Er soll in der Stadt Bethlehem geboren werden.

2. Gelehrter In der Bibel steht: Er wird für Gerechtigkeit und Frieden sorgen.

3. Gelehrter In der Bibel steht: Gottes Geist wird mit ihm sein.

Erzählerin Herodes verabschiedet nun die drei Könige. Und er bittet sie, ihm zu erzählen, was sie in Bethlehem entdecken würden.

Lied: Stille Nacht, EG 46,1–3

Szene 3: Der Stall von Bethlehem

Nach dem Lied nehmen die Könige wieder im Quergang Aufstellung. Maria und Josef bei der Krippe, die Engel im Halbkreis um sie herum.

Erzählerin Ich stehe hier in einem kleinen Stall. Da sind sonst nur ein Ochse und ein Esel. Die gehören dem Gastwirt. Aber in diesem Stall ist heute Nacht etwas Besonderes geschehen. Der Gastwirt hat hier nämlich zwei Leute untergebracht, die nur ganz wenig Geld hatten. Und das bisschen Geld, das sie besaßen, mussten sie schon beim Finanzamt abgeben. Ihr wisst ja: die Sondersteuer für den Kaiser in Rom. Und nun ist hier eine junge Frau mit ihrem Mann. Sie heißen Maria und Josef. Maria hat gerade ein Baby bekommen. Und weil es hier kein Kinderbettchen gibt, hat sie das Baby in die Futterkrippe gelegt. Ich glaube, die beiden haben sich etwas zu sagen.

Maria Josef, lieber Josef mein, hilf mir wiegen mein Kindelein! Gott, der wird dein Lohner sein im Himmelreich, der Jungfrau Sohn Maria.

Josef Gerne, liebe Maria mein, helf ich dir wiegen dein Kindelein. Gott, der wird mein Lohner sein im Himmelreich, der Jungfrau Sohn Maria. (*aus dem 14. Jh.*)

Erzählerin Das ist wunderschön hier. Dies ist wirklich ein ganz besonders Kind. Denn rund um uns herum sind ganz viele Engel. Und nun haben tatsächlich die drei Könige den Weg hierher gefunden. Aber das war auch nicht schwer. Denn hier leuchtet ja wieder der Stern von Bethlehem. Die Engel gehen ihnen nun entgegen, um sie zur Krippe zu geleiten.

Die Engel gehen in langer Reihe zu den Königen und geleiten sie zur Krippe.

1.König Genau über diesem Stall steht der Stern!
2.König Hier ist das neugeborene Kind!
3. König Das merke ich sofort: Es ist ein göttliches Kind!
1.König Sei gegrüßt, du König der Welt!
Erzählerin Und nun schenken sie dem Kind all die Schätze, die sie auf ihrem langen Weg bis hierher mitgebracht haben. Sie merken, dass dieses Kind mächtiger ist als alle Könige und Kaiser der Welt. Denn dieses Kind kann im Herzen der Menschen wohnen. In ihm zeigt uns Gott seine ganze Liebe. Durch dieses Kind will er uns aus aller Not retten. So wollen wir nun zusammen singen…

Lied: Es ist ein Ros entsprungen, EG 30,1–3

Währendessen legen sich die Könige rechts im Altarraum schlafen. Alle anderen bleiben im Altarraum an ihren Plätzen. Das rote Tuch wird über den Stuhl gelegt. Augustus und die Wachen nehmen während des Liedes ihre Plätze ein.

Szene 4: Der Traum der Könige

Erzählerin Nach ihrer langen Reise schlafen die drei Könige sehr tief. Aber im Traum tritt ein Engel zu ihnen und sagt ihnen, dass sie nicht wieder zu dem grausamen König Herodes gehen, sondern auf einem anderen Weg in ihre Heimat zurückkehren sollen.

Ein kleiner Engel begibt sich zu den Königen. Er schlägt die Triangel und weist mit ausgestrecktem Arm Richtung Gang.

Die Könige richten sich auf und schauen in die Richtung, in die der Engel sie weist, erheben sich und gehen Richtung Gang, anschließend nehmen sie in der ersten Reihe wieder Platz.

Szene 5: Im Palast des Kaisers

Erzählerin In dieser Nacht geschieht noch etwas Merkwürdiges. Auch der mächtige Kaiser in Rom hat einen Traum.

Licht auf den Thron (rotes Tuch) mit Augustus und den Wachen davor. Ein kleiner Engel kommt mit der Triangel von der Krippe herüber.

Da kommt ein kleines Wesen und betritt den Palast. Und die Wachen müssen ihm weichen. Ob sie wollen oder nicht, sie müssen es durchlassen und können es nicht daran hindern, bis zum Kaiser zu gehen. Es ist ein Engel Gottes. Wie erstarrt stehen sie da.

Engel – Triangelton

Als der Kaiser den Engel vor sich sieht, muss er plötzlich aufstehen. Er, der Mächtigste der Welt, muss aufstehen. Aber vor wem bloß? Vor dem Engel? Jetzt weist der Engel in die Ferne. Und der Kaiser schaut. Und plötzlich sieht er es: Ein Kind in einer Krippe. Ganz fern in einem andern Land. Und nun begreift er: Dies ist der Augenblick, auf den er immer schon gewartet hat. Jetzt berühren sich Himmel und Erde! Gott ist bei den Menschen.
Wie gut, dass wir dem Kinde hier in unserer Kirche so nah sind. Ich lade jetzt alle Kinder ein, zu uns nach vorn zu kommen zur Krippe. Und dann singen wir alle gemeinsam:

Lied: Ihr Kinderlein, kommet, EG 43,1–3

Ivonne Heinrich

Der Stern Gottes

Inhalt: Die Engel wecken die Hirten und führen sie zur Krippe, die mit Holzfiguren in der Kirche steht.

Anzahl der Spieler(innen): 8 Kinder ab 5 Jahre

Dauer: 8 Minuten

Material: eine aufgestellte Krippe mit Figuren, ein „Hügel" aus Tischen, Stühlen, Decken und Fellen und außerdem zwei erhöhte Spielorte (Kanzel und Orgel)

Zielgruppe: Familiengottesdienst an Heiligabend

Personen: 3 Hirten und 5 Engel

Hinweis: Krippenspiel ohne Mikrofone mit kurzen, laut gerufenen Texten

Spielorte: Empore, Altarraum mit „Hügel" (aus Tischen, Stühlen, Tüchern, Fellen)

Die Engel sind auf der Empore (im hinteren Kirchenschiff), die Hirten kommen aus der Sakristei, wandern einmal durch den Altarraum, besteigen dann ihren „Hügel" und legen sich schlafen. Sphärische Klänge. Die Hirten wachen auf, schauen sich erschreckt um, stehen auf.

Engel (alle) Fürchtet euch nicht!

Die Hirten schauen sich an und erschrecken, klammern sich eng aneinander.

Engel (alle) Fürchtet euch nicht. Wir verkündigen euch große Freude.

Die Hirten zittern.

1. Engel Hallo, hier sind wir.
1. Hirte Versteckt euch!

Die Hirten verstecken sich unter den Fellen.

2. Engel Die sehen uns nicht.
4. Engel Und verstehen auch gar nichts.
1. Engel Wir müssen zu ihnen gehen.
5. Engel Lassen Sie uns mal durch!
3. Engel Machen Sie bitte Platz!

Die Engel kommen von der Empore runter, gehen vor und bleiben am Altar stehen.

1. Engel Da vorn sind sie.
2. Engel Wir versuchen es noch mal.
Engel (alle) Fürchtet euch nicht!

Die Hirten zittern.

Engel (alle) Wir verkündigen euch große Freude, die allem Volk widerfahren wird.
1. Engel Hey, ihr Hirten! Schaut endlich her!
5. Engel So wird das nichts.
2. Engel Das sind Menschen, die sind eben so.
4. Engel Wir probieren was anderes.
3. Engel Wir müssen auf den Berg.

Die Engel gehen ab.

1. Hirte Ist es vorbei?
2. Hirte Oh Gott, es ist so dunkel.

3. Hirte Und so still. Ich habe Angst.

Die Engel erscheinen auf der Kanzel. Sie halten einen Stern an einem Stock wie eine Angel. Sie berühren die Hirten vorsichtig damit.

5. Engel *liebevoll* Hallo, ihr Hirten.
2. Engel Hallo Philipp, hallo Jakob, hallo Daniel.

Die Hirten schauen den Stern an.

4. Engel Fürchtet euch nicht. Wir verkündigen euch große Freude, die allem Volk widerfahren wird.
1. Engel Denn euch ist heute der Heiland geboren, welcher ist Christus, der Herr, in der Stadt Davids.
2. Engel Und das habt zum Zeichen: Ihr werdet finden das Kind in Windeln gewickelt und in einer Krippe liegen.

Musik. Der Stern wandert sehr langsam hin zur Krippe und bleibt dort stehen

1. Hirte Seht nur den Stern. Er ist so hell.
2. Hirte Da muss die Krippe sein.
3. Hirte Lasst uns gehen und sie suchen.

Die Hirten gehen auf die Altarstufen und schauen die Krippe „von weitem" an. Unterhalten sich leise, nicken sich zu.

1. Hirte *schaut die Gottesdienstteilnehmer an:* Können Sie die Krippe auch sehen? Nein? Na, Sie sind ja auch ein bisschen zu weit weg. Aber den Stern können Sie doch sehen. Ja? Das ist gut.

Die Hirten gehen in den Mittelgang und sprechen drei Erwachsene in den Bänken an.

1. Hirte Kommen Sie mit. Schauen Sie sich die Krippe an.
2. Hirte Haben Sie keine Angst. Kommen Sie mit.
3. Hirte Kommen Sie. Schauen Sie, was Gott uns geschenkt hat.

Die Hirten und die drei Erwachsenen gehen nach vorn zur Krippe.

1. Engel Ehre sei Gott in der Höhe…
2. Engel …und Frieden auf Erden…
4. Engel …bei den Menschen seines Wohlgefallens.

Engel (alle) *singen auf der Kanzel:* Mache dich auf und werde Licht, EG Bayern 539

IV

Krippenspiel um die Ecke

Michael Kirmes

Weihnachten an der Tanke

Inhalt: Die Weihnachtsgeschichte wird komplett ins Heute übertragen. Marie, hochschwanger, wird von ihrem Mann Jo zum Krankenhaus gefahren. Es ist der 24.12. Unterwegs gibt der Wagen den Geist auf. Die einzige Lösung ist eine Tankstelle in der Nähe.

Anzahl der Spieler(innen): 10 Spieler(innen), Frauenrollen können zum Teil durch Männer ersetzt werden

Dauer: 20 Minuten

Zielgruppe: Jugendliche und Christmette

Personen: 3 Fernfahrer (Fred, Tom, Steffi), Tanja (Tankstellenangestellte), Marie (schwangere Frau), Jo (Maries Freund), 3 Astrophysikstudenten (Karla, Melanie, Baltasar), Dr. Dessern (Tierärztin).

In der Tankstelle

Fred Na ja, auf jeden Fall muss ich nachher noch 500 Kilometer fahren, damit ich morgen zum ersten Weihnachtsfeiertag rechtzeitig bei meiner Frau bin.

Tom Wenigstens hast du frei. Ich muss nicht nur Heiligabend ne Tour fahren, sondern auch die Weihnachtsfeiertage durch und zwischen den Jahren. Silvester habe ich dann aber frei. Da wird mit den Kumpels richtig einen draufgemacht.

Fred Da sagste was. Ist ja das letzte Mal, dass das noch zu alten Preisen geht – danach wird ja alles teuer, der Mehrwertsteuer sei Dank!

Steffi Der Sprit wird auf jeden Fall wieder teurer. Na ja, gut, muss'n ja nicht selbst bezahlen, aber merkt man bei uns im Geschäft natürlich besonders.

Tom Tja... Tanja, wärst du so gut und bringst mir noch ein belegtes Brötchen? Ich würd gern noch eins für die Fahrt mitnehmen.

Tanja Sind aus. Haben heute weniger gemacht, weil Heiligabend ja nicht so viel los ist.

Tom Merkst doch, dass hier was los ist! Wenn ich Heiligabend schon nicht zu Hause sein kann, verbringe ich wenigstens ein bisschen mehr Zeit in meiner Lieblingsraststätte. Beim gemütlichen Zusammensitzen mit Freunden. Oder Zusammenstehen, besser gesagt. Könnt ihr nicht mal Stühle für euer Stehbistro anschaffen?

Tanja Könnt ihr an Heiligabend nicht mal das Motzen sein lassen? Bei euch ist die Welt immer schlecht.

Fred Die Welt IST schlecht, meine Liebe, egal, ob wir drüber motzen oder nicht.

Steffi Und wenn keiner motzt, ist es ja kein Wunder, dass alles nur noch schlechter wird. Die da oben...

Tanja Wunder, da sagst du was. Vor zweitausend Jahren haben die Leute auch gedacht, die Welt wär' schlecht. Und dann kam Jesus...

Fred Willste jetzt ne Predigt halten? Mit den Wundern isses auf jeden Fall vorbei, heute passiert so was doch nicht mehr... Oder hast du schon mal so was erlebt, so ein Wunder?

Auf der Landstraße

Jo Das da vorne sieht aus, als wäre da Licht. Hoffentlich. Mir ist saukalt. Dass die blöde Karre aber auch unbedingt mitten auf der Landstraße ihren Geist aufgeben muss!

Marie Nur gut, dass du nicht derjenige bist, bei dem die Wehen eingesetzt haben. Ich hab ständig Schmerzen wie verrückt, und du regst dich darüber auf, dass dir kalt ist. Männer und ihre Probleme.

Jo Kann ich da was dafür?

Marie Du hast gesagt, du willst das Kind als deins annehmen, auch wenn es nicht von dir ist!

Jo Das meine ich doch gar nicht. Ich meine mit dem Auto. Dass das auch gerade auf dem Weg zum Krankenhaus den Geist aufgeben muss.

Marie Es ist eben, wie du ja klug bemerkt hast, saukalt. Das gefällt auch dem Motor nicht.

Jo Hmmm…ha! Das da vorne ist eine Tankstelle!

Marie Ein Krankenhaus wäre mir lieber!

Jo Die an der Tankstelle könnten uns aber vielleicht mit dem Auto helfen.

Marie Jetzt hör' doch endlich mal mit dem Sch… Auto auf! Ich bin hier kurz vor der Niederkunft und du denkst nur an dein kaputtes Auto!

Jo Quatsch! Aber wie sollen wir sonst zum Kreiskrankenhaus kommen?

Marie Ich glaube, dafür ist es langsam zu spät. Ich hoffe, die haben in der Tankstelle irgendwo eine warme, bequeme Ecke… Ha – und das an Weihnachten.

Jo und Marie betreten das Tankstellenhäuschen.

Jo Hallo, wir bräuchten dringend einen Arzt und ein Bett oder so was. Meine Freundin hier steht kurz vor der Geburt ihres…unseres Kindes!

Fred Was?

Marie Kann ich mich irgendwo hinsetzen?

Tom Ich sag doch, die bräuchten hier mal Stühle…

Tanja Also, wir haben hier leider weder Stühle noch Betten…

Steffi Aber ich habe welche … nen ganzen Lastwagen voll mit alten Möbeln. Und ne Decke hätte ich in meiner Schlafkoje. Kommen Sie mit, geht das?

Steffi und Marie verlassen das Tankstellenhäuschen

Jo Und was ist jetzt mit dem Arzt?

Tanja Ich habe gerade den Notarzt angerufen, aber die haben gesagt, bis die aus der Stadt hier draußen sind, bei dem Verkehr dort wegen des Glockengeläuts, das dauert noch ein bisschen.

Jo Aber das Baby kann jede Sekunde kommen.

Tanja Sie meinten, zur Not müssten wir alleine klarkommen. Aber … ich habe ne Freundin, die wohnt auf einem Bauernhof nur drei Minuten mit dem Motorrad von hier. Die ist Tierärztin, müsste das ja auch hinbekommen, oder?

Jo Ja, ja, rufen Sie sie an, aber schnell! Ich geh raus zu meiner Freundin, die braucht mich jetzt bestimmt!

Auf dem Feld

Melanie Mist, das kannste hier voll vergessen. Hier sehen wir heute keine Weihnachtssterne. Fast alles bewölkt, und direkt unter dem Wolkenloch, da hinten, da leuchtet irgendwas hell in den Himmel hinein. Muss ne Tankstelle sein.

Karla Mir ist kalt. Ich will irgendwo ins Warme.

Baltasar Und was ist mit unserer Hausarbeit über den Sternenhimmel an Heiligabend? Ohne richtige Fotos …

Karla Wir hätten doch in die Sternwarte gehen sollen.

Baltasar Aber da ist Heiligabend kein Angestellter da, und wir hätten selbst die Verantwortung für die technischen Anlagen übernehmen müssen.

Karla Aber da wäre es warm …

Melanie Hört zu, wie wär's, wir nehmen jetzt erst mal unser

Weihnachtspicknick, fahren damit zu der Tankstelle da oben, wärmen uns bei unserem Weihnachtsessen auf.

Baltasar Und vielleicht können die ja nachher auch noch dieses Licht abschalten, das den ganzen Himmel überstrahlt.

Karla Du hast noch Träume… Aber die Idee ist gut. So langsam habe ich auch Hunger.

Baltasar Also gut. Lasst uns schnell das Teleskop erst mal wieder zusammenpacken und gehen.

In der Tankstelle

Steffi Also, das Bett war noch eingepackt, aber ist vielleicht ganz gut, dann wird's nicht schmutzig. Ich hoffe nur, mein Chef hat für die Aktion Verständnis.

Fred In solchen Notsituationen muss man doch so handeln.

Tom Aber dass dieser Notarzt so lange braucht. Hätte ich jetzt hier nen Herzanfall gehabt, ich wäre schon lange tot.

Fred Das mit der Tierärztin war echt ne geniale Idee.

Steffi Nur gut, dass die auch sofort gekommen ist. Und sich zu so was bereit erklärt hat. Ist ja nun nicht das Gleiche, Mensch und Tier.

Tanja Wahnsinn. Eine Geburt von einem kleinen Menschen, der Beginn eines Menschenlebens, hier auf meiner Tankstelle.

Fred Ich hoffe, das verläuft alles glatt.

Steffi Ja, das hoffen wir alle.

Dr. Dessern kommt herüber.

Dr. Keine Angst mehr, ist alles gut gelaufen. Ein kleiner Junge! Ich hoffe nur, der Notarzt ist bald da, um die ins Krankenhaus zu fahren. Die Marie hat das echt tapfer durchgestanden. Das ist ein richtiges Wunder, so zum Weihnachtsabend. Dass die so lange durchgehalten hat, noch durch den Wald hierhergelaufen und alles. Wow. Die haben einen echten Schutzengel gehabt.

Fred Können wir rüberkommen? Ich meine, wir gehören ja nicht zur Familie oder so…

Dr. Marie meinte ja, sie will sogar, dass ihr alle kommt und das Kind als Erste seht.

Tom Worauf warten wir noch? Ein echtes Christkind!

Alle ab. Die Studenten betreten die Tankstelle.

Melanie Hallo?

Karla Keiner da. Komisch.

Baltasar Vielleicht draußen? Da habe ich Stimmen gehört.

Draußen beim Lastwagen

Karla Was ist denn hier los?

Steffi Die Kleine hier hat ein Kind bekommen. In meinem Laster!

Baltasar Was? Gerade eben? Hier?

Jo Motorschaden. Da mussten wir improvisieren.

Mel Dutschi-Dutschi-Du!

Fred Und wo kommt ihr her?

Baltasar Von draußen, vom Walde, komm ich her…

Karla Wir wollten die Sterne beobachten. Aber das Licht von der Tankstelle hat alles überstrahlt.

Melanie Und wir dachten uns, wir kommen hierher, um uns aufzuwärmen und unser Weihnachtspicknick zu veranstalten.

Karla Aber ich würde sagen, unter diesen Umständen geben wir unseren Rucksackinhalt lieber an die erschöpften Eltern weiter.

Baltasar Au ja! Hier, goldgebackene Plätzchen!

Melanie …Kerzen und eine Wolldecke…

Karla …und Möhrenrohkost. Sehr gesund!

Marie Vielen, vielen Dank! Guck mal, Jo, wie wir hier umsorgt werden…das hätte es im Krankenhaus an Heiligabend bestimmt nicht gegeben.

Tanja Und, fällt es euch auf? Hier habt ihr euer Wunder. Ein echtes Christkind, draußen unter improvisierten Umständen geboren. An Heiligabend. Die Welt ist nicht nur schlecht.

Fred Absolut nicht. Die Welt ist unglaublich.

Tom Tatsächlich, das wird uns niemand glauben.

Steffi Aber für mich wird Weihnachten von jetzt an immer das Fest sein, an dem ich an diese Familie denke.

Anke Durth, Martina Engels, Annette Meffert, Peter Müller-Wiener, Lutz Rentel

Brennpunkt – Lichterscheinungen in Bethlehem

Inhalt: Der Fernsehabend wird durch einen hochaktuellen Brennpunkt unterbrochen. Mehrere Reporter vor Ort in Judäa berichten über kaum begreifliche Ereignisse. Was ist da geschehen?

Anzahl der Spieler(innen): ca. 17. Verschiedene Rollen können beinahe beliebig gekürzt oder ausgebaut werden (bspw. Hirten, Schafe, Engel), manche komplett entfallen (bspw. Esel), falls keine Darsteller dafür gefunden werden können.

Dauer: ca. 30 Minuten

Material: Die üblichen Krippenspielkostüme.

Zielgruppe: Eltern und Kinder am Weihnachtsabend

Personen: 1 Reporterin im Studio (Wagner), 2 vor Ort (Jule, Romy), 2–6 Hirten, beliebig viele Schafe, 2–5 Engel, die heiligen 3 Könige, 1–3 Wirte, 1 Esel, König Herodes, Maria und Josef.

Hinweis: Die Mitspieler(innen) sollten im Kindergarten- und Grundschulalter sein. Alle Rollen können prinzipiell sowohl von Mädchen als auch von Jungen gespielt werden. Lieder müssen noch eingesetzt werden.

Wagner Guten Abend, meine Damen und Herren, liebe Kinder! Wir unterbrechen unseren Gottesdienst für eine Brennpunkt-Sondersendung. Der im Programm aus-

gedruckte Weihnachtskrimi kann aus aktuellem Anlass leider nicht gesendet werden und wird zu einem späteren Zeitpunkt ausgestrahlt. Soeben erreichte uns eine Nachricht aus Bethlehem: Augenzeugen berichten von einer ungewöhnlichen Himmelserscheinung. Mitten in der Nacht sei es plötzlich taghell geworden, und am Horizont sei ein großer Stern mit einem langen Schweif aufgetaucht. Scharenweise liefen besorgte Bewohner aus ihren Häusern und erblickten am Stadtrand von Bethlehem einen hellen Stern. Wir schalten jetzt um zu unserer Korrespondentin vor Ort.
Hallo, Jule, kannst du mich hören?

Reporterin Jule Ja, Wagner, ich höre dich – bin ich auf Sendung?

Wagner Ja, Jule, wir hören dich! Kannst du den Stern sehen?

Jule Ja!!! Es ist eine klare Nacht, und wir haben eine gute Sicht auf den Stern. Er ist wirklich ungewöhnlich groß und hell. Bislang kann sich hier niemand das Phänomen erklären. Ich konnte eben mit einigen Hirten sprechen, die hier auf dem Feld ihre Schafe hüten. Wir haben dieses Gespräch aufgezeichnet. Bitte Film ab!

Zwischenmusik – Licht dunkler

Jule Guten Abend, Herr Hirte. Sie gehörten zu den Ersten, die diese Himmelserscheinung gesehen haben! Schildern Sie unseren Zuschauern doch bitte mal, was Sie beobachten konnten.

1. Hirte Eigentlich wäre ich ja gar nicht dran gewesen, mit der Nachtwache! Aber dann sind alle eingeschlafen, und da blieb alles wieder an mir hängen!

2. Hirte Ist doch gar nicht wahr. Du bist heute dran!

1. Hirte Gar nicht! Ich war schon gestern und vorgestern dran.

3. Hirte Vorgestern war ich dran!

6. Hirte Wir brauchen einen Plan – ich sage es schon die ganze Zeit. Aber auf mich hört ja keiner!

Jule Moment! Moment! Wenn ich hier mal kurz unterbrechen darf: Unsere Zuschauer wollen gerne wissen, was Sie uns zu dem Stern sagen können.

3. Hirte Also – ich sag' es Ihnen: Plötzlich war es ganz hell! So was Helles haben Sie noch nicht gesehen!

5. Hirte Also soooo hell war es auch nicht.

6. Hirte Auf einer Skala von 0 bis 100 würde ich die Helligkeit so bei …

4. Hirte Woher willst du das denn wissen, du hast doch geschlafen.

2. Hirte Genau! Du hast geschlafen! Du schläfst ja immer. Du hast auch letzte Woche geschlafen.

Jule Darf ich noch mal auf den Stern zurückkommen? Wie war das mit dem Licht?

1. Hirte Das war so ein riesenhelles Ding mit einem langen Schweif dran, und das war unheimlich hell.

5. Hirte …sogar die Tiere wurden alle ganz unruhig. Hören Sie nur!

Schafe Mäh, mäh, mäh …

3. Hirte Und unheimlich laut war es auch. Ich konnte gar nicht mehr schlafen!

Jule Ist ja interessant. Wieso laut?

2. Hirte Na ja – der ganze Himmel war ja voller Engel! Die hab ich mit eigenen Augen gesehen. Und die haben gesungen!

4. Hirte Ich habe schon ein bisschen Angst gehabt. Aber die Engel waren unheimlich nett und haben gesagt, wir sollen uns nicht fürchten.

6. Hirte Dabei waren es über 20 Engel!!

2. Hirte Ja, es war eine riesige Schar; und sie haben gesagt, wir sollen zu einem kleinen Stall in Bethlehm gehen.

4. Hirte Weil da ein Wunder geschehen ist und ein neuer König geboren wurde.

Lied

Jule Das ist ja sensationell! Nun haben wir sogar die himmlischen Boten live auf Sendung! Herr Engel – können Sie unseren Zuschauern verraten, warum Sie hier nachts auf dem Feld singen?

1. Engel Wir bekamen einen göttlichen Auftrag, heute hier zu singen. Ich habe natürlich sofort alle Engel zusammengeholt, und dann sind wir losgeflogen. Die Hirten sollen sich auf den Weg nach Bethlehem machen. Dort ist ein Stall, in dem ist heute Nacht ein Wunder geschehen. Ein neuer König…

2. Engel …wir sind alle total aufgeregt!

3. Engel Und wir dürfen hier singen! Wir konnten es überhaupt nicht glauben, als es losging.

4. Engel Endlich mal was Besonderes. Nicht immer nur „Halleluja" und Frohlocken! Sie wissen ja, als Engel hat man nicht allzu viel Abwechslung.

Jule Das ist ja unglaublich! Jetzt verraten Sie doch bitte unseren Zuschauern, warum ausgerechnet heute und hier!

5. Engel Ja, wegen der frohen Botschaft!

2. Engel Heute ist doch in Bethlehem etwas ganz Besonderes passiert, es ist zwar nur ein einfacher Stall, aber…

1. Engel Kommt, Kinder, die Hirten sind soweit. Wir müssen jetzt weiter zum Stall! Unser Auftrag ist noch nicht erledigt.

Jule Welcher Stall denn nur…?

Engel schwirren ab.

Jule Meine Damen und Herren, wir bleiben dran. Dies verspricht eine lange und spannende Nacht zu werden. Und damit zurück ins Studio.

Wagner Danke soweit nach Bethlehem. Gerade kommt noch eine aktuelle Nachricht aus dem Morgenland herein:

dort wurden drei Könige gesichtet, die mit Fernrohren dieselbe Himmelserscheinung beobachtet haben. Wir haben eine von unseren Korrespondentinnen vor Ort. Guten Abend ins Morgenland, Romy, was kannst du uns berichten?

Romy Ja, danke, Wagner. Also, ich stehe hier mitten im Morgenland. Ich habe gerade drei Könige getroffen: Herrn Melchior, Herrn Kaspar und Herrn Balthasar.

Könige König – König.

Romy Entschuldigung! Herr König Melchior, Herr König Kaspar und Herr König Balthasar. Können Sie unseren Zuschauern kurz berichten, was Sie beobachtet haben?

Melchior Nun, wir haben im Sternenbild der „Corona Australis", der südlichen Krone, eine äußerst interessante Himmelserscheinung beobachten können.

Kaspar Herr Kollege, ich darf Sie korrigieren: Es war nicht das Sternbild der „Corona Australis", sondern das der „Corona Borealis", der nördlichen Krone.

Balthasar Sei's drum. Wir vermuten zumindest hinter dieser Himmelserscheinung eine Supernova. Meine beiden Kollegen und ich möchten uns nun auf den Weg machen, um diesem Phänomen auf den Grund zu gehen.

Melchior Werter Kollege, interessanterweise finden sich in unseren Büchern, in denen wir schon seit vielen Jahren studieren, Hinweise zu einer solchen Himmelserscheinung.

Kaspar Richtig! Richtig! Heißt es dort nicht, ein solcher Stern werde die Geburt eines neuen Königs verkünden?

Romy Das ist ja fantastisch!

Melchior Lassen Sie uns nicht länger zögern und Licht ins Dunkel bringen.

Balthasar Halt, werte Kollegen! Falls der Hinweis auf den König stimmen sollte, meinen Sie nicht, dann sollten wir auch ein paar Geschenke mitnehmen? Also, ich werde etwas Weihrauch einpacken.

Melchior … und ich Myrrhe.

Kaspar … und ich Gold!

Romy Ist ja fantastisch! Und damit gebe ich zurück ins Studio.

Lied

Wagner Vielen Dank ins Morgenland. Meine Damen und Herren, ich habe soeben erfahren, dass unsere Korrespondentin in Bethlehem neue interessante Interviewpartner vor der Kamera hat. Wir schalten nun wieder live und direkt nach Bethlehem zu unserer Reporterin Jule. Vorher möchten wir noch darauf hinweisen, dass sich die nachfolgende Bescherung um ca. 30 Minuten verschiebt.

Jule Also, in der Tat, es ist eine aufregende Nacht hier in Bethlehem. Ich stehe hier auf dem Marktplatz, vor mir drei Wirte aus den umliegenden Gasthäusern. Herr Wirt, was können Sie uns zu der derzeitigen Lage in Bethlehem sagen?

1. Wirt Also, ich bin jetzt seit über 30 Jahren im Geschäft, aber so was habe ich noch nicht erlebt. Ständig neue Gäste, aus jedem Winkel von Israel kommen sie.

2. Wirt … und alles wegen der Volkszählung.

3. Wirt Wissen Sie, wir freuen uns ja über jeden Gast, aber doch nicht gleich so viele auf ein Mal. Wo sollen wir die denn unterbringen?

1. Wirt Also, bei mir ist nichts mehr frei. Meine Frau und ich schlafen schon in der Küche.

3. Wirt Bei mir ist es genau so. Heut Abend stand ein junges Paar vor meiner Tür, draußen war es schon stockdunkel. Sie hatten schon bei vielen gefragt und immer noch kein Zimmer gefunden. Ich konnte sie doch nicht einfach so wegschicken. Außerdem war die junge Frau schwanger. Also hab ich ihnen meinen Stall gegeben.

2. Wirt Meinst du den Stall bei der Stadtmauer?

3. Wirt Genau! Der da hinten.

1. Wirt So, ich muss jetzt fort, meine Gäste rufen nach mir, schönen Abend noch.

2., 3. Wirt Wir auch! Schönen Abend.

Jule Meine Damen und Herrn, das ist ja unglaublich, was ich da sehe! Der helle Stern steht genau über dem Stall, auf den der Wirt gerade gezeigt hat. Ich muss nun unbedingt auch zu diesem Stall. Kann die Kamera mir bitte folgen.

Wagner Meine Damen und Herren! Während unsere Korrespondentin auf dem Weg zum Stall ist, lassen Sie mich die Geschehnisse noch einmal kurz zusammenfassen. Hirten berichten von einer hellen Himmelserscheinung, drei Könige sind mit Geschenken auf dem Weg zu einer Supernova, aufgeregte Engel wollen zu einem Stall. Wo sind hier die Zusammenhänge? Unsere Korrespondentin ist soeben am Stall angekommen. Jule, kannst du uns schon etwas Näheres sagen?

Jule Ich stehe nun vor dem Stall. Hier habe ich auch schon einen ersten Gesprächspartner.
Herr Esel, wie ich hörte, sind Sie erst heute Abend in Bethlehem angekommen. Was können Sie unseren Zuschauern berichten?

Esel Mann, war das anstrengend! Wir Mietesel müssen ja so einiges mitmachen. Ständig neue Aufträge und man weiß nie, wohin! Als dieser Mann in den Stall kam, da wusste ich: Das wird wieder einer von diesen Aufträgen. Na ja, sie wissen schon: mehrere Tage unterwegs, wenig Futter, schlechte Unterkünfte – und genau so kam es! Und dann war seine Frau auch noch schwanger!

Jule Das ist ja interessant. Und wie ging es weiter?

Esel Es ging tagelang durch die Wüste, bis wir in Bethlehem ankamen. Und dann gab es ja noch nicht einmal eine gescheite Unterkunft. Ich hätte mich nach den ganzen Strapazen ja mit einem einfachen Stall zufrieden gegeben, aber für meinen Kunden und seine Frau gab es in ganz Bethlehem kein Dach über den Kopf!

Lied

Jule Das ist ja sensationell. Vielen Dank, Herr Esel. Und damit gebe ich wieder zurück ins Studio.

Wagner Vielen Dank nach Bethlehem. Meine Damen und Herren, unsere Korrespondentin im Morgenland berichtet soeben, dass der Weg der drei Könige in Richtung Bethlehem führt. Auf diesem Weg seien sie zu einem Gespräch am Königshof von Herodes eingetroffen. Wir schalten nun wieder direkt um zu unserer Korrespondentin im Palast von König Herodes. Bitte, Reporterin Romy.

Romy Ja, vielen Dank! Meine Damen und Herren, ich stehe hier im Palast von König Herodes. Soeben trat König Herodes vor die Presse, um eine Erklärung abzugeben. Herr Rodes: Sie hatten gerade drei Könige zu Gast. Können Sie unseren Zuschauern berichten, um was es in Ihrem Gespräch ging!?

Herodes König, bitte!

Romy Entschuldigen Sie! Also, Herr König Rodes, was können Sie unseren Zuschauern über den Inhalt Ihrer Gespräche sagen?

Herodes Nun, wir haben zunächst über die ungewöhnliche Himmelserscheinung gesprochen.

Romy Sie meinen den hellen Stern.

Herodes Richtig! Meine drei Kollegen meinen, dass in den alten Schriften geschrieben steht, ein solch heller Stern würde die Geburt eines neuen Königs verkünden.

Romy Das ist ja sehr interessant!

Herodes Richtig! In meinem Palast wurde aber kein Kind geboren. Sie sind nun auf der Suche nach diesem neuen König, um ihn zu besuchen und ihm zu huldigen. Nun, mein Land und ich sind an guten nachbarschaftlichen Beziehungen sehr interessiert. Und so bat ich sie, mir zu sagen, wo auch ich den neuen König finden kann. Ich möchte ihm natürlich auch einen Besuch abstatten.

Lied

Romy Vielen Dank, Herr König Rodes, für dieses Gespräch und damit zurück zum Brennpunkt.

Wagner Vielen Dank, Reporterin Romy. Meine Damen und Herren, ich bekomme von der Regie gerade den Hinweis, dass unsere Korrespondentin in Bethlehem einen weiteren Gesprächgast am Mikrofon hat. Wir geben daher sofort wieder nach Bethlehem zum Stall.

Jule Ja, ich stehe hier in Bethlehem bei dem kleinen Stall. In den letzten Stunden war es hier noch ruhig. Doch jetzt scheint ein wenig mehr Bewegung hineinzukommen. Vor einigen Minuten sind die Hirten mit ihren Schafen und die Engel eingetroffen. Mittlerweile wird die Situation hier für mich undurchschaubar. Immer wieder ist die Rede von einem König, ich stehe aber hier vor einem einfachen Stall. Vielleicht frage ich mal einen von den vielen Engeln, die hier herumfliegen. Hallo, Herr Engel, können Sie mir erklären, was heute Abend hier los ist?

1. Engel Heute Nacht kam hier ein ganz besonderes Kind zur Welt. Es wird der König und der Retter der Welt sein. Es wurde in einem armen Stall geboren, denn Gott wollte der Welt zeigen, dass dieses Kind für alle Menschen zur Welt kam – für Arme und für Reiche, für Junge und für Alte – einfach für jeden von uns und euch. Alle Welt soll sich freuen und als Erste die Hirten und die Könige.

Jule Was für eine faszinierende Geschichte. Ich höre gerade von der Regie, dass meine Kollegin die drei Könige bis zur Krippe begleiten konnte. Romy, übernimm bitte.

Romy Soeben haben die drei Könige ihre wertvollen Geschenke überreicht. Auch die Hirten hatten ein paar Schafsfelle als Geschenke dabei. Ich stehe jetzt bei Maria, der Mutter des Kindes. Maria, auch wir wollen zur Geburt Ihres Sohnes gratulieren. Wie soll denn das Kind heißen?

Maria Es soll Jesus heißen.

Romy Wie sind Sie auf diesen außergewöhnlichen Namen gekommen?

Josef Ein Engel hat mir im Traum gesagt, ich soll unseren Sohn Jesus nennen.

Maria Der Name Jesus kommt aus dem Griechischen und bedeutet: „Gott ist Rettung."

Josef In den alten Schriften stehen noch andere Namen. Man nennt ihn: wunderbarer Ratgeber, Friedefürst, ewiger Vater.

Romy Wie ich hörte, waren hier in Bethlehem schon alle Gasthäuser belegt.

Maria Wir waren froh, dass der Wirt uns den Stall für die Nacht gegeben hat. Ich glaube, genau an diesem Ort sollte unser Sohn zur Welt kommen.

Josef Stören Sie sich nicht an dem einfachen Stall, denn nicht nur Hirten, sondern auch Könige sind unsere Gäste.

Lied

Romy …und der Stern hat allen den Weg gezeigt. Und damit zurück ins Studio.

Wagner Meine Damen und Herren, damit wir sind am Ende von unserem Brennpunkt. Den ankündigten Weihnachtskrimi werden wir zu einem späteren Zeitpunkt ausstrahlen.
Ich möchte noch auf die nachfolgenden Sendungen hinweisen: Es folgen die Abkündigungen, und dann setzen wir den Gottesdienst mit den Fürbitten fort. Ich darf mich für Ihre Aufmerksamkeit bedanken und wünsche Ihnen frohe Weihnachten und viele Geschenke.

Adrienne Clark

Gott ist die Liebe

Ein Weihnachtsstück in zwei Teilen – für Heiligabend und für Heilige Drei Könige

Inhalt: Dennis, der ältere Bruder von zwei Schwestern, bringt die beiden zu den Proben eines Krippenspiels. Sie sind das erste Mal dabei, da sonst die Weihnachtsgeschichte in ihrer Familie keine so große Rolle spielt. Eigentlich will Dennis hier nur ein Mädchen treffen, dass er toll findet, aber als er dann von Gott hört, wird er neugierig auf die ganze Geschichte.

Anzahl der Spieler(innen): Wir fangen mit Kindern ab fünf Jahren an, bis hin zu dreizehn. Es werden für das Original 25 Rollen benötigt, aber die Textpassagen können nach Bedarf verteilt werden. Männerrollen können auch von Frauen gespielt werden.

Dauer: ca. 30 Minuten mit Liedern.

Material: Kostüme für die Kinder, Mikrofone für die, die nicht so laut sprechen können.

Zielgruppe: Familiengottesdienst

Personen: Maria, 1–5 Hirten, 1–5 Engel, Dennis, Josef, Sprecher 1+2, Kyra, 1–3 Könige, Julia, Mutter, Miriam, Vater, Sarah, Claire.

Hinweis: Wir fangen vor den Herbstferien an und fragen die Kinder, was sie spielen wollen, dann schreiben wir das Stück nach den Wünschen der Kinder. Wir legen Wert darauf, dass die Großen mit nach den Kleinen schauen: Wann muss wer sprechen? Usw. Bis jetzt hat das immer gut geklappt. Direkt nach den

Herbstferien fangen wir einmal in der Woche an zu proben, so haben wir ungefähr zehn Termine. Das Stück besteht aus zwei Teilen. Der zweite Teil kann auch am 6. Januar gespielt werden.

Teil 1

Familie sitzt beim Abendessen.

Sarah Gott ist die Liebe und wer in der Liebe bleibt, der bleibt in Gott und Gott in ihm.

Vater Wie bitte, was war das jetzt?

Claire Sie hat gesagt, Gott ist die Liebe…

Mutter Das haben wir schon verstanden, aber woher kommt denn plötzlich diese Erkenntnis?

Sarah Wir haben in Religion darüber gesprochen, was wir machen, wenn wir Angst haben, und Julia hat gesagt, sie würde beten und leise singen und dann würde sie spüren, wie Gott sie bei der Hand hält. So wäre sie dann nicht allein in ihrer Angst und es ginge ihr bald besser.

Dennis Weil ja auch immer gleich einer da ist, der einem das Händchen hält.

Claire Genau, der Schutzengel, und so einer möchte ich sein, beim Krippenspiel in diesem Jahr.

Mutter Beim Krippenspiel wollt ihr mitmachen, wie kommt ihr nur auf solche Gedanken, ich habe mir noch nie so viele Gedanken über Gott gemacht und die Geschichte mit der Geburt seines Sohnes…

Sarah Die Geschichte ist toll, Julia und Kyra haben sie uns erzählt, sie machen auch mit beim Krippenspiel, und es geht darum, dass Jesus geboren wird, er ist der Sohn Gottes…

Vater Wir wissen, wer Jesus ist, und die Geschichte um seine Geburt kennen wir auch.

Claire Warum hast du sie mir dann nie erzählt?

Vater Was? Darum geht es jetzt doch überhaupt nicht, ich habe gelesen, die Proben finden immer freitags statt, und da hat niemand Zeit euch hinzubringen.

Mutter Na ja, wenn sie aber doch gerne mitmachen möchten, vielleicht könnte Dennis sie ja hinbringen?

Dennis Ich, soweit kommt es noch, da kann ich mir aber was Besseres vorstellen, als freitagnachmittags in die Kirche zu gehen.

Mutter Ich finde es eigentlich ganz gut, dass sie sich trauen, mal was Neues auszuprobieren, du könntest sie ruhig hinbringen, was ist denn schon dabei? Komm, sei doch mal ein Engel.

Dennis Ich glaub aber nicht an Engel und solche Sachen…

Sarah Julias ältere Schwester Miriam geht auch mit hin, sie hilft da nämlich. Weißt du, Dennis, das ist die, die du für einen Engel hältst.

Dennis He, jetzt werd mal nicht frech, aber gut, ich bring euch hin, weil ich freitags grad nichts Besseres zu tun habe.

Freitags – Julia, Miriam und Kyra stehen vor der Kirche und warten schon

Miriam Hallo, Dennis, schön, dass du deine Schwestern vorbeibringst.

Dennis Man kann ja mal was tun für seine kleinen Schwestern.

Claire Ich glaube, er wollte einfach mal einen Engel sehen.

Dennis Bist du still. Ich wollte auch mal die Geschichte hören mit dem Jesus und so. Sarah und Claire sagen, ihr glaubt daran, dass Gott euch nie verlässt, egal wie schrecklich ihr euch gerade fühlt.

Julia Das stimmt, Gott ist immer da, er lässt uns nie allein, aber wir sollen auch darauf vertrauen, was wir selber tun können, weil wir seine Kinder sind und ein Teil seiner Kraft auch in uns ist.

Dennis Was tut man aber, wenn man keine Lösung findet, egal wie sehr man es versucht, wenn man nachdenkt und nachdenkt und zu keinem Ergebnis kommt?

Miriam Dann lässt du dir Zeit und schaltest den Kopf mal ab. Versuch zu spüren, was dein Herz oder dein Bauch dir zu sagen haben. Jeder weiß im Grunde, dass es oft besser ist, auf seine Gefühle zu hören, aber verlassen will sich keiner darauf, weil man sie nicht sehen oder begreifen kann, aber ganz ehrlich, Gedanken sind ja auch nicht sichtbar, und trotzdem bekommen sie mehr Beachtung geschenkt.

Kyra Dabei ist Gott gerade da, in unserem Herzen, wo die Liebe ist, und Jesus hat auch gesagt, liebt euren Nächsten wie euch selbst. Aber das ist gerade das Schwierige, sich selbst zu lieben, sich zu achten und sich selbst zu vertrauen.

Julia Das ist gar nicht so einfach, das muss man richtig üben, Selbstachtung, Selbstvertrauen, sich verzeihen zu können für die Fehler, die man macht, mit sich selbst im Reinen zu sein, sich so zu lieben wie Gott es tut.

Dennis Für Gott muss das ja einfach sein, er ist ja auch Gott.

Julia Dafür hat er uns Helfer geschickt, wie seinen Sohn, den er hat Mensch werden lassen, damit wir von ihm die Liebe lernen, denn das ist alles, was zählt.

Kyra Und natürlich die Engel, die heute immer um uns sind, damit wir nie allein sind und Antworten bekommen, wenn wir fragen.

Miriam Nachfragen und zuhören muss man schon, und hier wird es erst recht schwierig, wir erwarten Antworten, ohne die Fragen zu stellen, oft sind wir so durcheinander, dass wir gar nicht wissen was wir fragen wollen, wir sollten uns daher die Zeit nehmen nachzuspüren, auf was will ich denn eine Antwort bekommen?

Kyra Das Schwierigste ist aber, die Antwort zu akzeptieren, die wir bekommen und darauf zu vertrauen, dass es in diesem Moment die Richtige ist.

Claire Jesus war die Antwort auf die Frage, ob Gott die Menschen liebt, und diese Wahrheit haben viele Menschen nicht erkannt.

Dennis Da weißt du schon viel mehr als ich, aber jetzt bin ich wirklich neugierig geworden, jetzt muss ich die ganze Geschichte hören.

Die Kinder setzen sich an den Rand und schauen auf Maria und Josef im Stall.

1. Erzähler Lk 2,1–7

Maria Josef, das war eine lange Reise, ich bin so müde und habe kaum noch Kraft, und jetzt wurde der Sohn Gottes auch noch in einem Stall geboren, mitten unter Ochsen und Eseln.

Josef Ja, und ganz alleine sind wir hier auch, obwohl so viele Menschen unterwegs waren, ich war schon richtig verzweifelt, als wir keine Unterkunft gefunden haben.

Maria Gott hätte uns nicht im Stich gelassen, du siehst ja, wir haben den Weg zu jemandem gefunden, der noch ein Plätzchen für uns hatte.

Josef Wenn wir doch nur nicht so alleine wären, sieh, hier liegt der Sohn Gottes und niemand weiß davon, er soll der Erlöser der Menschen sein, und kein Mensch weiß, dass er schon da ist.

Maria Sie werden kommen, vertrau darauf, was der Engel gesagt hat, du weisst, wie schwer es ist zu glauben, wenn die Zeiten so hart sind, da verliert man leicht die Hoffnung, dass etwas Gutes geschehen könnte.

Josef Du hast recht, man braucht für die großen Dinge im Leben immer etwas Geduld, nichts ändert sich mit einem Schlag, manchmal muss man einen langen Weg gehen, um zu seinem Ziel zu kommen.

Maria Und jeder Schritt dahin ist ein kleiner Erfolg, mit dem man auch zufrieden sein kann, man muss nicht alles sofort erreichen, aber schau nur, Josef, was kommt denn da auf uns zu?

Josef Es hört sich an wie eine Horde Schafe, ja, es sind Schafe und ihre Hirten, die sind ja ganz aufgeregt, was ist denn da geschehen?

2. Erzähler Und es waren Hirten in der selben Gegend auf dem Felde bei den Hürden, die hüteten des Nachts ihre Herde. Und siehe, es traten die Engel des Herren zu ihnen und die Klarheit des Herren leuchtete um sie. Da fürchteten die Hirten sich sehr, doch der Engel sprach…

1. Engel Fürchtet euch nicht, siehe, ich verkündige euch große Freude, die allem Volk widerfahren wird, denn euch ist heute der Heiland geboren, welcher ist Christus, der Herr, in der Stadt Davids.

2. Engel Und das habt zum Zeichen: ihr werdet finden das Kind in Windeln gewickelt und in einer Krippe liegen. Ehre sei Gott in der Höhe und Friede auf Erden und den Menschen ein Wohlgefallen.

2. Erzähler Und da die Engel von ihnen gen Himmel fuhren, sprachen die Hirten untereinander, lasst uns gehen nach Bethlehem und die Geschichte sehen, die da geschehen ist, die uns der Herr kundgetan hat.

1. Hirte Ich kann es kaum glauben, hier steht wahrhaftig ein Stall, wie oft bin ich hier schon vorbeigelaufen, aber der Stall ist mir nie aufgefallen.

2. Hirte Ja, schon gut, aber sind dort auch Menschen, liegt da wirklich ein Kind in der Krippe?

3. Hirte Ja, es sind Menschen dort, man kann den Schein der Öllampe ganz deutlich erkennen, und ich höre auch das Weinen eines Kindes.

4. Hirte Dann haben wir nicht geträumt, dann waren die himmlischen Heerscharen nicht nur Einbildung.

5. Hirte Nein, es ist alles so, wie ich es euch schon immer gesagt habe, es wird einer kommen, der uns aus diesem Elend führt, jemand, dem wir folgen können, jemand, der nicht nur den Reichen und Mächtigen weiterhilft, sondern sich auch den einfachen Menschen zuwendet.

1. Hirte Ja, ja, ja, du hast es schon immer gesagt, aber du erzählst ja ständig irgendwelche Geschichten.

2. Hirte Ich hatte auch so meine Zweifel an deinen Erzählungen, aber jetzt sieht es so aus, als ob gerade die unglaublichste wahr geworden wäre.

3. Hirte Sollen wir hineingehen? Ich hab so ein Gefühl im Bauch, dass wir erwartet werden.

4. Hirte Ein Gefühl im Bauch, du hast zu viel Schafskäse gegessen, das ist alles …

3. Hirte Ach, er kann sein ganzes Leben von Engeln erzählen, die ihn begleiten, und ich darf nicht einmal ein Gefühl im Bauch haben?

5. Hirte Jetzt hört doch auf, ihr habt doch auch die Engel gesehen und ihre Worte gehört, hier in diesem Stall liegt er, der Messias, der Sohn Gottes, der uns den Weg zeigen wird. Von ihm werden wir lernen, uns gegenseitig wieder mehr zu lieben und zu achten, er wird uns leiten und nicht nur uns, auch nach uns werden viele seinen Lehren folgen und sich zu ihm bekennen, auch dann, wenn wir schon nicht mehr sind.

1. Hirte Ach, und woher weißt du das, hat dir das auch ein Engel gesagt oder geht deine Fantasie jetzt mit dir durch.

5. Hirte Es ist eine Wahrheit, die aus meinem Inneren kommt, ich habe mich immer darauf verlassen, auch wenn mein Kopf gesagt hat, das kann nicht stimmen. Es hat mir nicht immer gleich gutgetan, aber das Vertrauen darauf hat mich stark werden lassen für die Stürme des Lebens.

3. Hirte Mut hat er ja, solche Reden zu schwingen. Ich weiß nicht, ob ich das könnte, solche Verrücktheiten auch noch laut auszusprechen.

Engel treten auf.

3. Engel Da stehen sie und zweifeln, ob sie hineingehen sollen, sie haben uns gesehen und uns gehört, und trotzdem trauen sie der Geschichte nicht.

4. Engel Dabei sind wir jederzeit bei ihnen, auch wenn wir nicht sichtbar sind, sie müssen doch sehen, dass Gott sie nie verlassen würde auf ihrer Reise durch das Leben.

5. Engel Ihnen fehlt der Mut hineinzugehen, aus Angst vor Zurückweisung, sie erkennen nicht ihren eigenen Wert, aber es ist an der Zeit zu sehen, dass Gott möchte, dass sie sich lieben, er hat ihnen seinen Sohn geschickt, um sie vor der Dunkelheit zu bewahren.

4. Engel Jesus ist Mensch geworden, und auch er wird die Grausamkeiten des Menschseins nur mit der Verbindung zu Gott ertragen können, und diese Verbindung besteht aus reiner Liebe.

1. Engel Geht hinein, zögert nicht mehr, ihr seid willkommen, einfache Menschen, um als Erste den Sohn Gottes zu begrüßen, so soll es sein.

2. Engel Seid mutig und überwindet eure Angst, Frieden wird sich in euch ausbreiten, und ihr könnt gehen und anderen von diesem Wunder erzählen.

4. Hirte Also, ob ihr es jetzt glaubt oder nicht, ich habe eben eine Stimme gehört, die gesagt hat, wir sollen uns trauen hineinzugehen, seltsam nicht?

2. Hirte Ich habe es auch gehört, also jetzt kann man es nicht länger als eine Einbildung abtun, was sollen wir jetzt tun?

5. Hirte Das, was ich schon die ganze Zeit gesagt habe, lasst uns den Heiland begrüßen und dann anderen erzählen, was wir erlebt haben, damit viele Menschen kommen, um ihm zu folgen, wenn er größer ist.

Teil 2

Hirten gehen und setzen sich zu Maria und Josef – Auftritt Könige.

2. Erzähler Da aber Jesus geboren war, zu Bethlehem, zur Zeit des König Herodes, da kamen Weise aus dem Morgenland, um den neugeborenen König anzubeten. Sie hatten seinen Stern gesehen und waren ihm gefolgt. Da erschrak Herodes sehr und mit ihm das ganze Jerusalem, und heimlich rief er die Weisen zu sich, um zu erfragen, wann der Stern erschienen wäre. Und er wies sie an, nach Bethlehem zu gehen und das Kindlein zu finden, so dass er es auch anbeten könne. Da zogen sie hin, und der Stern ging vor ihnen, bis er über dem Ort stand, wo das Kindlein war. Da fielen sie vor ihm auf die Knie und schenkten ihm Gold, Weihrauch und Myrrhe. Und Gott befahl ihnen im Traum, dass sie nicht wieder zu Herodes gehen sollten, und sie zogen auf einem anderen Weg wieder in ihr Land.

1. König Ich bin so froh, dass wir diese Reise gemacht haben, jetzt wo ich den Messias mit eigenen Augen gesehen habe, glaube ich, dass die Liebe der wichtigste Grund für das Leben an sich ist.

2. König Auch ich bin froh, ich hatte ja zu Anfang so meine Zweifel, einfach loszuziehen und einem Stern zu folgen, nicht zu wissen wohin und nicht zu wissen, wann man am Ziel ist. Neue Dinge und jede Menge Überraschungen hinter jeder Ecke, auf die man sich dann wieder einstellen muss.

3. König So ist das, wenn man sich auf eine Reise macht und nicht alles genau planen kann, wir haben uns von einem Stern leiten lassen und vertraut, dass er uns dorthin bringt, wo wir sein wollen.

1. König Man kann eben nicht alles mit Gedanken lösen, wir haben erkannt, dass etwas Großes geschehen wird. Wenn wir uns nicht getraut hätten, diese Reise anzutreten, würden wir immer noch rätseln, ob unsere Vermutungen wirklich der Wahrheit entsprächen.

2. König Sieh nur, was wir gefunden haben, einen neuen König, der mit der Macht der Liebe regieren wird, wir hatten den Mut, andere Wege zu gehen und sind reichlich dafür belohnt worden.

3. König In meinem Inneren ist jetzt Frieden, keine Ängste und Zweifel mehr, und die hatte ich auf dieser Reise oft, doch jetzt, wo wir hier stehen, weiß ich, es ist richtig sich aufzumachen und Neuem zu begegnen.

1. König Ich werde jetzt versuchen meine Mitmenschen mit anderen Augen anzusehen, mit liebenden Augen, dann fällt es viel leichter, ihre Schwächen und Fehler anzunehmen.

2. König Ich will auch versuchen, mit mir selber liebevoller umzugehen, ich bin sicher, das wirkt sich auch auf andere aus, ich weiß ja jetzt, zu was ich in der Lage bin.

3. König Diese Reise hat uns den Zugang zu einer unglaublichen Kraft geschenkt, einer Kraft die schon immer in uns gesteckt hat und die wir jetzt endlich spüren durften.

Julia Das ist die größte Liebesgeschichte der Welt…

Sarah Gott ist die Liebe, und wer in der Liebe bleibt, der bleibt in Gott und Gott in ihm.

Martin C. G. Körber

Das Zeichen der beiden Tauben

Nach einer Legende von Selma Lagerlöf

Erstaufführung: Weihnachten 1999

Inhalt: Hofbeamte und der Kaiser Augustus wollen auf dem Kapitol in Rom einen Tempel für den Kaiser errichten und dafür ein Opfer bringen. Sie treffen auf die uralte Sibylle, eine Seherin, die dem Kaiser zeigt, was sich zur gleichen Zeit in Bethlehem abspielt, und ihm sagt, dass dort derjenige geboren wird, den man einmal an dieser Stelle anbeten wird. Daraufhin will der Kaiser an dieser Stelle einen Altar errichten lassen, der den Namen „Himmelsaltar“ tragen soll.

Anzahl der Spieler(innen): Mindestens 14 Mitspieler(innen), die Erzählerin und die Beleuchterin. Die Sibylle sollte von einer recht großen Person gespielt werden. Alle Rollen können auch von Frauen gespielt werden, wobei es sich anbietet, den Kaiser von einem Jungen spielen zu lassen.

Dauer: ca. 35 Minuten

Material: Krippe, Umschlagtuch für Maria, das Jesuskind, Hut, Stock, Mantel für Josef, Hüte, Stöcke, Mäntel für die Hirten, Umhänge für die Engel, Kerzen mit Halterung für die Engel, Vogelkäfig, zwei Tauben aus weißer Pappe mit Klettband zum Anheften an den Mantel des Kaisers, Mantel des Kaisers zum Anheften der Tauben, Goldener Stirnreif für den Kaiser, erhöhter Platz für die Sibylle, Umhang und Stock für die Sibylle, Umhänge für die Höflinge, Spieß und Standarte für zwei Soldaten, die mit den Höflingen gehen, zwei Beleuchtungskörper zum Anschalten (für den Stall und für die Szene mit dem Kaiser).

Zielgruppe: Familiengottesdienst zu Weihnachten

Personen: Maria, Josef, Hirten (möglichst mindestens drei), der Verkündigungsengel, weitere Engel (mindestens drei), der Kaiser, zwei Soldaten (verzichtbar), vier Höflinge (notfalls nur zwei), die Sibylle, Wind (dunkel gekleidete Mutter, die die Tauben wegträgt), Beleuchterin, Erzählerin.

Hinweis: Die Sibylle sollte den Kaiser mit lauter und herrischer Stimme ansprechen und in Befehlston zu sich rufen, damit die Vergeblichkeit seines Tuns umso deutlicher wird.
Eine Mutter spielt den Wind, der die Tauben nimmt und sie hinter die Kanzel fliegen lässt. Sie spielt ihren Auftritt tänzerisch mit großen Bewegungen aus.
Ebenso kann der Auftritt der Engel wie ein Reigen gestaltet werden. Diese Elemente schaffen eine gewisse Leichtigkeit im Gegensatz zur statischen Schwere der Sibylle. Die Höflinge stellen die Welt der Macht dar, die sich schwertut mit dem Unerwarteten, während der Kaiser die Größe hat, sich dem zu fügen.

Zwei parallele Szenen:

Kapitol in Rom (links)/Bethlehem (rechts)

Links neben dem Altar steht ein vollständig von einem dunklen Tuch bedeckter Tisch, dahinter – verdeckt – eine kleine Trittstufe. Seitlich ein starker Strahler, um die linke Szene auszuleuchten. Rechts am Altar die Krippe (mit dem Kind darin) und ein Stuhl für Maria. Darüber der Herrnhuter Stern.
Beginn des Spiels bei der letzten Strophe des vorangehenden Liedes. Die Hirten, Maria und Josef nehmen ihre Plätze ein. Die Engel stellen sich in der Nähe der Hirten auf und entzünden ihre Kerzen. Die Sibylle nimmt in einer der ersten Reihen Platz. Die Höflinge, Soldaten und der Kaiser begeben sich zum Eingang.

Vorbemerkung

Erzählerin Heute erleben wir eine Geschichte, die vor 2000 Jahren stattfand. Hier, auf dieser Seite des Altarraums stehen wir oben auf dem Kapitol. Das ist einer der sieben Hügel der Stadt Rom. Er befindet sich mitten in der Stadt. Damals war Rom das Zentrum der Welt. Hier herrschte der mächtige Kaiser Augustus. Dort drüben liegen die Schafweiden der kleinen Stadt Bethlehem im weit entfernten Palästina. Dazu gehört auch ein kleiner Stall. Es ist Nacht. Die Hirten schlafen draußen bei ihren Tieren. *Der Erzähler geht zu den Hirten.* Ich glaube, sie schlafen sehr tief. *Er hält das Mikrofon so, dass man sie schnarchen hört.* Im Stall wachen zwei Menschen. Maria und Josef. Sie sind sehr arm. Maria erwartet ihr Kind. Auch in Rom ist Nacht. In dieser Nacht scheint alles ganz besonders still zu sein. Kein Lüftchen regt sich. Aber halt, da kommt jemand.

Szene 1: Die Sibylle sieht die Verkündigung der Hirten

Die Sibylle (groß, gebeugt, mit Stock) kommt langsam durch den Mittelgang, steigt von hinten über den Tritt auf den Tisch und schaut mit vor die Stirn gelegter Hand nach rechts in die Ferne.

Erzählerin Das ist die Sibylle. Sie kann sehen, was in der Zukunft liegt. Ihr Auge reicht bis in die entferntesten Länder. Aber sie ist sehr alt. Schon lange hat sie keiner mehr gesehen. Wenn sie heute hervorkommt, muss etwas ganz Besonderes geschehen sein. Was mag es sein, das sie heute hervorlockt? Was sieht sie dort in der Ferne? Hirten und zwei arme Menschen in einem Stall.

Eine Schar von Engeln mit Kerzen in den Händen geht auf die Hirten zu. Die Engel nehmen dicht vor den Hirten Aufstellung. Während der Verkündigungsengel singt, schreiten die anderen Engel im Kreis um ihn herum.

Engel der Verkündigung *singt* Vom Himmel hoch, da komm ich her, ich bring euch gute neue Mär; der guten Mär bring ich so viel, davon ich singen und sagen will. *Währenddessen erheben sich die Hirten.* Euch ist ein Kindlein heut geborn von einer Jungfrau auserkorn, ein Kindelein so zart und fein, das soll eu'r Freud und Wonne sein. Es ist der Herr Christ, unser Gott, der will euch führn aus aller Not, er will eu'r Heiland selber sein, von allen Sünden machen rein. (EG 24,1–3)

Szene 2: Der Kaiser will ein Opfer bringen

Durch den Mittelgang kommt der Kaiser Augustus mit Gefolge. Der 2. Höfling trägt einen Vogelkäfig, in dem sich zwei Tauben, mit einem dünnen Band befestigt befinden. Der 3. Höfling trägt ein Handtuch. Der 4. Höfling trägt eine Schale (anscheinend mit Wasser gefüllt).

Erzählerin O, jetzt wird es lebendig hier in der Stadt Rom. Und das mitten in der Nacht. Ich erkenne Soldaten und mehrere hohe Herren vom Hof des Kaisers. Und da, der Kaiser Augustus höchstpersönlich!

Die Höflinge reden miteinander: Schöner Sternenhimmel heute. – Aber schon ein bisschen kalt. – Endlich kommen wir dazu. – Das war ja auch höchste Zeit. – Die Leute werden begeistert sein.

1. Höfling Dies ist eine herrliche Nacht, o Kaiser.
2. Höfling Heute bringen wir das Taubenopfer dar.
3. Höfling Dann werden wir dir den Tempel errichten.
4. Höfling Du bist der Erhabene. Zu dir sollen die Menschen beten.
Kaiser Ich weiß nicht, ob das den Göttern gefällt. Wenn ich hier neben ihnen einen Tempel erhalte…
1. Höfling Das Opfer wird es beweisen, dass die Götter dich lieben.

2. Höfling Heute ist für die ganze Welt ein großer Tag. Du bist der Erretter der Menschen.
1. Höfling Merkwürdig. Irgendwie ist diese Nacht anders.
2. Höfling Ja, alles ist viel stiller.
3. Höfling Und dunkler!
4. Höfling Und feierlicher!
1. Höfling Ein Zeichen, dass heute eine ungewöhnliche Nacht ist.
2. Höfling Ein Zeichen für dich, o Kaiser!
3. Höfling *zeigt auf die Sibylle:* Seht doch, dort!
1. Höfling Sie ist es!
4. Höfling Wer?
2. Höfling Die uralte Sibylle! Sie kennt alle Geheimnisse der Welt.
3. Höfling Warum ist sie gerade in dieser Nacht aus ihrer Höhle gekommen?
1. Höfling Was will sie dem Kaiser und dem Reich verkünden?
2. Höfling Was sie jetzt wohl gerade sieht?
1. Höfling Jetzt wollen wir aber den Göttern opfern!

Der 1. Höfling nimmt eine Taube aus dem Käfig. Sie entfliegt ihm, erfasst vom Wind, während er sie dem Kaiser reicht.

Alle Höflinge und der Kaiser Oh!
3. Höfling *zeigt auf die Sibylle* Ob sie das war?

Szene 3: Die Sibylle sieht noch einmal die Engel

Die Sibylle macht eine abwehrende Bewegung zu den Höflingen und reckt sich lauschend zu den Engeln.

Engel der Verkündigung *singt* So merket nun das Zeichen recht: die Krippe, Windelein so schlecht, da findet ihr das Kind gelegt, das alle Welt erhält und trägt. (EG 24,5)

Die Engel begeben sich in langer Reihe zum Stall und nehmen hinter Maria und Josef im Halbkreis Aufstellung.

Szene 4: Der Kaiser versucht, nochmals zu opfern

Kaiser Reicht mir eine Schüssel mit Wasser. Ich muss mich besser auf das Opfer vorbereiten.

Der 4. Höfling reicht dem Kaiser die Schüssel. Der Kaiser wäscht seine Hände. Der 3. Höfling reicht ihm ein Tuch. Der Kaiser trocknet seine Hände darin ab. Der 1. Höfling nimmt die zweite Taube aus dem Käfig. Sie entfliegt – wie oben.

Die Höflinge Nein!
Kaiser O Gott, hilf mir! Verschone mich!

Szene 5: Die Sibylle sieht, dass das Kind geboren wird

Licht fällt auf den Stern und Maria und Josef.

Erzählerin Die Sybille steht da oben auf der höchsten Spitze des Hügels starr wie ein alter Baum. Aber jetzt kommt Leben in die alte Frau. Ihre Augen beginnen zu leuchten.
Sibylle Das Kind! Es ist geboren!
Erzählerin Noch weiß der Kaiser nicht, was eben geschehen ist. Aber die Sibylle hat es gesehen: Im fernen Bethlehem, in dem kleinen Stall bei den Hirten wurde das Christuskind geboren. In ihm kommt Gott zu den Menschen. Wir alle beten es gemeinsam mit den Engeln und Hirten an und singen ihm das Lied: Stille Nacht, heilige Nacht.

Lied: Stille Nacht, EG 46,1–3

Während des Liedes begeben sich die Hirten zum Stall. Sie knien vor der Krippe nieder.

Szene 6: Die Sibylle zeigt dem Kaiser das Kind

Licht fällt auf den Kaiser. Die Tauben setzen sich, getragen vom Wind auf die Schultern des Kaisers Die Höflinge fallen vor ihm nieder.

1. Höfling Ave Cäsar! Die Tauben sind zurückgekehrt.
2. Höfling Dein Gott hat dir geantwortet!
3. Höfling Das ist das Zeichen Gottes!
4. Höfling Du sollst hier angebetet werden!
Sibylle Tritt her zu mir! Reich mir die Hand!

Sie fasst seine Hand und weist in Richtung Krippe.

Sibylle Sieh! Von wegen, Ave Cäsar! Da ist der Gott, den man hier an dieser Stelle anbeten wird! Anbeten wird man auf dieser Höhe den Erlöser der Welt! Aber nicht dich, du vergänglicher Mensch!

Kaiser Ich habe das Kind gesehen! Hier soll kein Tempel für mich gebaut werden. Wir werden einen Tempel für das neugeborene Gotteskind bauen. Er soll heißen: Ara coeli, Altar des Himmels. Eines Opfers bedarf es jetzt nicht mehr.

Nachbemerkung

Erzählerin Heute steht dort oben auf dem Kapitolhügel die Kirche „Santa Maria in ara coeli". In einer Seitenkapelle der Kirche befindet sich die kleine Figur „bambino gesu". Es ist das Jesuskind. Ihm kann man sogar schreiben. Und weil das Jesuskind in dieser Kirche so besonders verehrt wird, hat sich dort auch der Brauch herausgebildet, dass Weihnachten in Santa Maria in ara coeli Kinder predigen. Ein Zeichen, dass wir Erwachsenen viel von den Kindern lernen können, ganz besonders aber von dem Jesuskind. In ihm hat Gott seine Liebe zu uns Menschen gezeigt. Aber das bekommt nicht jeder mit, nur, wer mit dem Herzen sehen kann.
Wir singen nun dem wahren König und Erretter der Welt das Lied „Tochter Zion".

Lied: Tochter Zion, EG 13,1–3

Kerstin Reinheimer

Das Abenteuer Weihnachten

Erstaufführung 2004, Versöhnungsgemeinde Hassloch-Nord

Inhalt: Familie Nikolaus ist auf dem Weg zu den Großeltern, um mit ihnen Heiligabend zu verbringen. Eigentlich das Gleiche wie jedes Jahr. Geschenke austauschen. Der Sinn von Heiligabend ist allen verloren gegangen. Auf der Autobahn geraten sie in einen Stau, und dann passiert etwas sehr Merkwürdiges. Die Familie wird in eine Zeitreise versetzt – zurück zu Jesu Geburt. Am Ende der Zeitreise wissen alle wieder, worum es eigentlich an Heiligabend geht.

Anzahl der Spieler: 16 (+ zusätzliche Rollen ohne Text können von kleineren Kindern durch Schafe in der Herde ergänzt werden, Sternenträger war ein körperlich behindertes Kind)

Dauer: ca. 15 Minuten

Material: Ein Auto aus Pappe, Handy, Geschenke, Stern

Zielgruppe: Für alle Familiengottesdienstbesucher

Personen: Radiosprecher, Engel, Familie Nikolaus (Vater, Mutter, Sohn, Tochter), Kaspar, Melchior, Balthasar, Schafe (Flocki, Wölkchen, Blacky), Maria und Josef, Sternenträger, Hirte

Hinweis: Die zu lernenden Texte sind sehr kurz gehalten. Deshalb ist es wichtig, dass sich die Kinder in ihre Rollen einfinden und sich mit ihren Ideen einbringen können. Kostüme werden mit den Kindern und eventuell den Eltern besprochen.

Szene 1

Familie Nikolaus ist im Auto, auf dem Weg zu den Großeltern, mit denen sie Weihnachten feiern möchten.

Radiospr. An alle Autofahrer: Bitte fahren Sie auf der A5 Richtung Bethlehem vorsichtig. Am Ende einer Kurve kommt es zu einem Stau wegen Schafen auf der Fahrbahn.

Vater Oh nein! Jetzt kommen wir zu spät zu Oma und Opa.

Mutter Keine Panik! Ich rufe sie mit dem Handy an und sage Bescheid, dass wir wegen des Staus etwas später kommen und dass sie mit dem Essen auf uns warten sollen.

Sohn Nicht nur mit dem Essen, auch mit dem Verteilen der Geschenke!

Tochter Ja, genau!

Mutter Immer geht es nur um Geschenke, dabei vergisst man doch das Wesentliche!

Tochter Was ist denn das Wesentliche?

Mutter Na, die Weihnachtsgeschichte!

Sternenträger läuft mit dem Stern an der Familie vorbei.

Vater Seht doch mal da! Der Stern!

Mutter Ich komme mir vor wie bei einer Zeitreise. Der Stern hat doch den drei Weisen aus dem Morgenland den Weg zum Jesuskind gezeigt!

Sohn Mutti, schau mal, die Herde Schafe, die laufen alle in Richtung Stern!

Tochter Papi, lass uns doch die nächste Ausfahrt rausfahren und sehen, wo der Stern hinleuchtet!

Mutter Ja, Schatz, das machen wir. So was habe ich noch gesehen!

Vater Na gut, aber nur weil heute Heiligabend ist! Der Stau löst sich ja auch langsam auf.

Szene 2

Die Schafe auf der Autobahn.

Flocki Ich weiß gar nicht mehr, ob es so eine gute Idee gewesen ist, aus unserem warmen Stall auszubrechen.
Wölkchen Natürlich war es das! Was hätten wir denn sonst Großartiges heute erlebt?!
Blacky Genau, unser Hirte sitzt bei seiner Familie und isst gerade das Weihnachtsmenü.
Flocki Seht! Da drüben wird der Stern immer heller!
Blacky Endlich! Wir haben die gefährliche Autobahn überschritten.
Wölkchen So was dürfen wir aber nicht noch einmal machen!
Flocki Du hast ja recht. Auf dem Rückweg nehmen wir einen sicheren Weg!
Na endlich, wir sind da!
Wölkchen Ich bin so froh, mir tun die Beine ganz schön weh.

Szene 3

Familie Nikolaus sieht, wie die Schafe im Wald verschwinden und will nun den leuchtenden Stern finden.

Vater Seht mal, da sind die Schafe von der Autobahn.
Mutter Was die hier wohl machen?
Tochter Die sind genauso neugierig wie wir.
Sohn Die wollen auch sehen, was es mit dem Stern auf sich hat!
Vater Da, der Stern leuchtet ganz hell über dem Stall!

Sternenträger bewegt den Stern hin und her.

Sohn Kommt, wir steigen aus und sehen nach!
Mutter Ich bin ja so aufgeregt.

Szene 4

Plötzlich hört Familie Nikolaus eine Stimme und sieht einen Engel.

Engel Fürchtet euch nicht! Siehe, ich verkündige euch große Freude, die allen widerfahren wird, denn euch ist heute der Heiland geboren. Welcher ist Jesus Christus, der Herr, in der Stadt Davids. Und das habt zum Zeichen: Ihr werdet finden das Kind in Windeln gewickelt und in einer Krippe liegen.

Mutter Ich mache die Tür zum Stall auf.

Vater Ja, sei aber vorsichtig!

Tochter Mutti, sind das Maria und Josef mit dem Christuskind?

Mutter Ich traue meinen Augen kaum, aber es muss wohl wahr sein!

Vater Ich glaube, wir wurden gerade in eine andere Zeit versetzt.

Mutter Das glaube ich auch. Ich kann mir das gar nicht erklären!

Szene 5

Die Schafe sehen das Geschehen von weitem.

Flocki Was macht denn die Familie da?

Wölkchen Die sind ganz bestimmt auch dem Stern gefolgt!

Blacky Und da hinten kommen drei mit Geschenken. Was die wohl hier wollen?

Szene 6

Familie Nikolaus sieht die drei Weisen. Die Schafe sind am Stall.

Mutter Kinder, da kommen die drei Weisen aus dem Morgenland und bringen die Geschenke für das Jesuskind.

Tochter Heißen die nicht Kaspar, Melchior und Balthasar?
Sohn Ja, du Schlaumeier!

Die drei Weisen kommen näher.

Kaspar Wir sind die drei Weisen aus dem Morgenland und bringen dem Sohn Gottes unsere Gaben dar. Dies hier ist Gold, das glänzende Edelmetall.
Melchior Ich bringe Weihrauch, das duftende Räucherwerk.
Balthasar Ich bringe euch Myrrhe.
Maria Vielen Dank für diese wertvollen Gaben zur Geburt unseres Sohnes, Sohn Gottes.
Mutter Ich glaube, wir sollten jetzt alle gehen. Maria ist sicherlich von der Geburt geschwächt.
Vater Und Oma und Opa warten schon.
Sohn Jetzt verstehe ich das mit den Geschenken.
Tochter Komm jetzt, Schlaumeier!

Szene 7

Der Hirte treibt seine Schafe zurück in den warmen, gemütlichen Stall.

Hirte Flocki, Blacky, Wölkchen. Da seid ihr ja! Ich habe in den Nachrichten von euch gehört und gleich meinen Hirtenstab genommen und bin hierhergefahren. Was macht ihr denn hier?
Flocki …der versteht uns ja doch nicht…also warum sollten wir ihm erzählen, dass wir eine Zeitreise gemacht haben?!
Blacky Stimmt, du hast wirklich recht!
Wölkchen Kommt, lasst uns den Rest des Heiligen Abend in unserem gemütlichen Stall verbringen. Vielleicht bekommen wir, obwohl wir ausgerissen sind, ein Leckerli. Schließlich ist heute Weihnachten!

Thorsten Heinrich

Ein Hirte findet den Stall

Inhalt: Ein Hirte erzählt die Weihnachtsgeschichte aus der Perspektive eines Zeitgenossen und weist auf die aufgestellte Weihnachtskrippe hin.

Anzahl der Spieler: 2 Erwachsene

Dauer: 5–7 Minuten

Material: gestellte Krippe

Zielgruppe: Familiengottesdienst oder Kindergartengottesdienst, eventuell Gottesdienst um 18 Uhr

Personen: Erzähler, Hirte

Hinweis: Weihnachtsspiel für zwei Personen mit kurzer Vorbereitung (in Anlehnung an die Oberuferer Weihnachtsspiele)

In der Kirche steht seitlich eine klassische Weihnachtskrippe mit Figuren, an die der Hirte später treten wird …

Erzähler Vor langer Zeit lebte ein mächtiger Kaiser. Er hieß Augustus. Dieser Kaiser Augustus regierte ein großes Land. Eines Tages wollte er wissen, wie viele Menschen in seinem Land lebten. Er wollte nämlich, dass die Menschen ihm Steuern – also Geld – bezahlen sollten. Darum ließ er in Städten und Dörfern ein Gesetz bekanntmachen. Auch der Hirte Gallus hörte dieses Gesetz.

Hirte Der Kaiser Augustus hat ein Gebot erlassen. Das heißt, dass jeder Mann und jede Frau und jedes Kind an den Ort gehen soll, an dem sie geboren wurden. Oh je, das wird für manche ein weiter und beschwerlicher Weg werden. Ich selbst habe es nicht weit. Ich bin nur eine knappe halbe Stunde zu Fuß von hier auf die Welt gekommen.

Erzähler Von diesem Befehl des Kaisers erfuhren auch Maria und Josef. Sie wohnten in Nazareth und mussten nun nach Bethlehem gehen, um sich dort zählen zu lassen. Josef war besorgt um Maria, denn sie erwartete ihr erstes Kind, und der Weg nach Bethlehem war sehr weit. Doch den Befehl eines Kaisers musste man befolgen. So bepackten sie ihren Esel und begaben sich auf die Reise. Derweil hütete der Hirte Gallus seine Schafherde bei bitterer Kälte auf dem Feld.

Hirte Puh, puh, man könnte ja glatt erfrieren. Es friert mich so sehr in meinem Gesicht, dass ich meine Nase gar nicht mehr spüren kann. Mein Bart ist starr vor Eis. Ich werde jetzt erst mal versuchen, etwas zu schlafen.

Erzähler Maria und Josef kamen nur langsam auf ihrem Weg nach Bethlehem voran. Oft blieb Maria stehen und bat: „Josef, lass uns ein wenig ausruhen. Ich bin müde und meine Beine tun weh.“ Josef stützte Maria, damit sie es etwas leichter hatte. Erst am Abend erreichten sie ihr Ziel, die Stadt Bethlehem. „Bald wirst du dich ausruhen können“, tröstete Josef seine Frau. Hoffnungsvoll klopfte er an einem Gasthaus an. „Was wollt ihr noch so spät bei mir?“, rief der Wirt. „Geht weiter, mein Haus ist überfüllt!“ So zogen sie von Haus zu Haus, und überall sagt man: „Wir haben keinen Platz für euch!“ Maria war traurig. „Warum schicken sie uns alle fort? Gibt es denn gar keine Herberge für uns?“ Dann entdeckten sie eine kleine alte Hütte. Josef öffnete die Tür und sah, dass es ein Stall war. Erleichtert sagte er: „Komm, Maria, dieser Stall ist bis auf einen Ochsen und einen Esel leer. Hier wollen wir heute Nacht bleiben." Maria fühlte, dass ihr Kind bald kommen würde und war mit diesem bescheidenen Raum zufrieden. Nachdem Maria und Josef den Esel versorgt hatten, fanden sie auf einem Strohlager ihre Ruhe. In dieser Nacht brachte Maria dann ihr Kind zur Welt. Maria und Josef waren glücklich, als sie ihren kleinen Sohn im Arm hielten, und dankten Gott für dieses Geschenk. Sie nannten ihren Sohn „Jesus". Maria herzte und küsste ihn. Dann wickelte sie ihn in Windeln und legte ihn behutsam in eine Futterkrippe.

Lied

Erzähler Während das Jesuskind geboren wurde, erschien dem Hirten Gallus ein Engel im Traum. Der verkündigte die frohe Botschaft von der Geburt des Jesuskindes.

Hirte Mir träumt, als wenn ein Engel käm, und führte mich gen Bethlehem ins jüdische Land so fern. In einen Stall ging ich hinein, darin Ochs und Eselein in einem Kripplein fraßen. Jetzt bin ich gleich vom Schlaf erwacht, wollt bei Gott, der Traum käm mir jede Nacht. Wollt gern bis mittags schlafen. Nun wohlan, ich will nach Bethlehem gehen und das Kind dort sehen.

Erzähler Gallus überlegte, ob er das Kind nicht einfach besuchen sollte und ob er dem Gottessohn etwas mitbringen – etwas schenken sollte. Doch was braucht ein neugeborenes Kind?

Hirte Ich werde dem Kind einen Zipfel von meinem Pelzgewand schenken. Und etwas Wolle und Milch von den Schafen.

Erzähler So mit den Geschenken für das Kind bepackt, zog der Hirte los und suchte sich einen Weg nach Bethlehem. Dabei zeigt ihm ein Stern den Weg zum Stall.

Hirte Holla, holla, es ist niemand hier, der mich zu dem Ort hinführt?

Erzähler Er fand den richtigen Stall, kniete an der Krippe nieder und betete das Kind an und beschenkte es.

Hirte Sei gegrüßt, du Kindlein zart, wie liegst du da so elend und hart. Ein Bett von Stroh, von keiner Feder zart, sondern von spießigem Heu so hart. Dein Geburtstag ist nicht zur Sommerzeit, sondern im Winter, wenn es schneit. Da bring ich dir, oh Jesulein, etwas Fell und Woll, damit dich deine Mutter hinein legen soll. Da gebe ich dir Milch, damit du etwas zu trinken hast.

V

Krippenspiel völlig anders

Andreas Friede-Majewski

En Keenich fer die klaane Leut

Aus einer Krippenspieltrilogie in hessischer Mundart

Anregungen dazu aus: Lothar Zenetti, Weihnachte bei uns dehaam: Gedichte in Frankfurter Mundart und die Weihnachtsgeschicht uff Frankforderisch verzählt.

Inhalt: Die Weihnachtsgeschichte nach Lukas 2

Anzahl der Spieler: 11–15 Personen, Tiere wie Esel, Hund und Schafe können als stumme Rollen mit Kindern besetzt werden; Hirtenrollen und Wirte können auch von Frauen gespielt werden

Dauer: ca. 30 Minuten

Material: stilisierte Krippe, Tisch und Stuhl, Utensilien für Hirtenlager

Zielgruppe: für Jung und Alt ab Schulalter.

Personen: Maria, Josef, Esel, Hund, Wirte 1–2, Hirten 1–3, Verkündigungsengel (gegebenenfalls Engelschar)

Hinweis: Es handelt sich um den ersten Teil der Trilogie. Die Spieler(innen) sollten zumindest ein wenig hessisch babbeln können, um die Rolle selbst gestalten zu können. Hessisch kann man schlecht auswendig lernen und dann aufführen.
Der Erzähler sollte die Mundart gut beherrschen – er hat viel Text, von dem das Stück mindestens genau so lebt wie von den Szenen.

Bühnenbildaufbau während der Einführung zum Krippenspiel: Tisch, zwei Stühle; Teigschüssel, Teig, Sachen für Gepäck; im rechten Gewölbe: Sack, Esel am Strick
Scheinwerfer auf Altarraum;
Lichter: Kirchenraum aus
Erzähler beginnt, während Maria Teig zu kneten anfängt.

Erzähler Mer wolle euch heut verzähle, was for narrisch viele Jahrn de Lukas verzählt hat un waser alle so ähnlich in eurer Biewel oder in de neiste Birschter Naachrischde nachlese kennt. Also: In dere Zeit is damals grad e Verfüchung rauskomme vom Kaiser heechstpersönlich, vom Augustus. Der hat sich in de Kopp gesetzt, daß iwwerall in seim Reich die Leut uffgeschriewwe wern. Er wollt nämlich parduh feststelle, wie viel des sin un wo se all wohne unob sem aach all ihr Steueren bezahle. Des war e ganz neu Ding, des se sich da ausgeknowelt hadde, un es erdesmaal, dasse des so genau wisse wollde, damals, wie de Quirinius Owwermaschores im Land war.

Maria am Tisch stehend, Teig knetend, Josef kommt aus dem Mittelgang, setzt sich auf den Stuhl, kopfschüttelnd, wortlos.

Maria Ei Josef, was fere Laus is dir dann iwwer die Lewwer gelkrawelt. Du guckst ja wie drei Daach Rechewedder.

Josef Ach Maria, wenn du wisse det's, was ich waas. Mer kenne unser Gelumps packe und misse nach Bethlehem, heit noch. Laß dei Brot leie und richt des Nödichste, mer misse uns glei auf die Sogge mache.

Maria Ei biste narrisch, Mann. Des Klaane kann jeden dach komme und du willst für e Woch durch die Geschend dabbe?

Josef Maria, was mir wolle, danach fraache die hohe Herrn net. Die hawe ihrn Hinnern im Sessel und mir misse uns die Fies bluudig laafe. De Aujustus will wisse, ob er net noch mehr Monete aus em Land presse kann un dadefür muß jeder haam, sich zähle lasse. Des hawwe se ewe uff de Gass ausrufe gelasse. Und *er nimmt sie in den Arm* mit dere reemische Bagage is net gut Kersche esse. Ich geh de Esel hole, pack ebbes zamme und denk an de Kram für des Klaane.

Maria Ach Herrgott. Wemmer doch e mal widder en Keenich mit em Herz fer die klaane Leute hädde, wie damals unsern David, der würd so Bosse abstelle. Es wird Zeit, ma Klaanes, *streicht sich übern Bauch* es wird Zeit, mer haldes net mer länger aus, was die mit uns mache.

Josef kommt mit Esel, lädt einen Sack auf, den Maria gepackt hat.

Josef Kenne mer?

Erzähler Die Maria wußt halt schon e bissi mehr von ihrm Klaane als de Josef. Gesunge und gejuchzt hat se, als se geheert hat, was for aaner ihrn Jesses wern sollt: Mei Herz schlääscht fer mein Herrgott. Nor e klaa un bescheide Mädche bin ich, un doch hadder mich aageguckt, ausgerechent mich! Von aaner Generation uff die anner, immer isser gut gewese zu seine Leut! Die Hochneesische un eigebildete Lackaffe, dene zeischder, dasser starke Ärm hat un Kraft inde Knoche, ausenanner jaache duht er se. Die da owwe, die Schwellkepp, die duht er runnerhole von ihre Stiehlcher. Die klaane Leut awwer, dene hilft er uff die Baa un sorscht, dasse widder schnaufe kenne. Die Hunger hawwe, dene schleppt er Sache bei, mehr alse brauche. Die Fettwenst awwer, die kriehe nix vonnem. So hattse gesunge, alse ihr Gote besucht hat. Un da die Maria jetz ja unnerwechs is wolle mir ihrn Lobgesang aastimme un es nächste Lied singe

Lied: Lobt Gott, ihr Christen alle gleich, EG 27,1, 4+5

Erzähler Na ja, awwer noch war ihrn Klaane net uff de Welt. Da sin se halt losgezooche, um sich ihr Formularn zu hole. Jeder hat da hie gemußt, wo er hergewese is. Aach de Josef hat sei Sache gepackt un hat sich auf die Socke gemacht. Von Nazareth owwe in Galiläa aus, wo er gewohnt hat, nach Judäa in des Städtche, wo die Davids herwarn, nach Bethlehem. Dort wollt er sich mit Maria, die schon im neunte Monat schwanger war, in die Lisde eidraache lasse. Ja ihr Leit, des habt er alle schon oft geheert. Des klingt so logger un gemietlich, wemmer in de warme Keerschebank hockt. Awer des war aach ohne des mer schwanger ist schon e mords Strabaz da ennuner. Ich seh ja: ihr habt eier Kinner und Enkelscher debei. Da wisst er ja, wie gut mer mit em digge Bauch im neinte Monat noch laafe kann. Da sinn die meeste froh, wenn se noch von de Kich ins Bad kimme. Un unser zwaa sin jetzt schon iwwer e Woch durch die Geschend gekrawwelt.

Maria und Josef kommen Hauptportal rein, Maria lässt sich im Mittelgang zu Boden fallen.

Maria Ich kann net meer, ich bleib hier leie.

Josef Maria, mer müsse weider. Mer kenne doch net hier uffem Feld die Nacht verbringe due. Ich seh schon die erste Lichderscher von Bethlehem. Da wart e Bett uff dich und e Hebamm. Du kannst doch net hier leie bleiwe.

Maria Ach Josef, die Lichder siehste schon seid Stunde. Ich seh nur raweschwarze Mohrenacht. Un alle ritt zubbelts und zieht's in mer. Des ich maane duu, s zerrobt mich.

Josef Maria, reiß dich zsamme, denk an des Klaane, des soll doch net uff de Gass geborn wern. Stütz dich auf de

Esel, ich trach unser Bagasch – des Stickelche schaffe mer aach noch.

Wirt Ja, was dann, was dann. Wollt er mer die Dür eischlaache oder was oder wie. Mer kaufe nix, mer wolle nix, mer brauche nix. Beddeln, hausiere und Volkszeehle is hier verboode.

Josef Ei guder Mann, mei Fraa kriecht e Bobbelche, habt er net e Eggelsche zum Schlafe fer uns …

Wirt … ei was dann, was dann. Geh mer doch fort. Da hawwe mer die ganz Nacht des Gekreisch und Gestehn in der Oore un die annern Leit mache kaa Aach zu. Her mer doch uff mit dem Gedehns. Da kann ja jeder komme – geh weidder, geh mer fort.
Wo die ganz Mischpoke uff aamal hergekroche kimmt, kam zu glauwwe. Na ja, so is die Stubb wenichstens heit voll und die Kass klingelt e bissi …

Wirtin Ich kimm ja schon. Ihr Leit, wißt ihr dann, wie speet's is? Was macht ihr denn noch auf de Gass?

Josef Habt doch e Herz fer uns. Unser Klaanes kann doch net uff de Gass geborn wern.

Wirtin Ei guder Mann, gucke ma da ennin, des is wie innerer Sardinebichs.

Josef Irschend e Eggelsche werr mer doch noch finne.

Wirtin Ihr Leut, dann geht in Herrgotts Name hinner in Stall, wo de Schafhirt sei Plätzi hat. Der is heit Nacht drauße uffem Agger. Da habt er wenischstens e Dach iwwerm Kopp. Mach zu, bevor die Fraa ganz zammeklappt.

Josef De Herrgott wer's euch dange.

Wirtin *zu ihrem/r dabeistehenden Sohn/Tochter* Und du hälst kei Maulaffe feil. Mach daß de nibber kimmst und laaf zu de Hebamm, sie soll die Baa in die Hand nemme un riwwer komme. – Wenn des emal gut gehe duut –

Erzähler Also, gut isses gegange, wie mer wisse. Awwer bis es so weit war: des hat länger gedauert und war e schwierisch Sach, wie des mit Geburde so is. Ihr kennt des ja, wie's vor sich geht, wenn e Bobbelsche kimmt. Was fer Schmerze un was fer Angst des is. Aach dann, wemmer in em scheene Bett im Krangehaus leihe duut. Also, mer verlasse die Zwaa jezze mal fer e paar Stund un gucke, was in dere Nacht noch so alles bassiert is. Do in de Näh hawwe damals unner freiem Himmel drauße aach so e paar Schaafherte gesesse, die hawwe da nachts als ihr Viecher bewacht. Awwer ich seh ja alleweil noch gar kei Hirde, mer misse se wohl erst bei singe mitem kräftische kommet ihr Hirde…

Lied: Kommet, ihr Hirten, EG 48

Hirten kommen in Mittelgang – Schaf blökt, Hirten hocken auf Strohballen

1. Hirte Gebt Ruh, ihr Viecher. Was seid'er denn so newwe de Kapp heit. Es wird doch kaan Wolf sich in de Egge rumdrigge. Awwer ich heer und seh alldiweil gar nix. S'is e frostisch Nacht und die Viecher sin so besorscht. Da kamer ja kaa Aach zumache.

2. Hirte Komm, Schorsch, leih dich hi un mach net so e Gedeehns. Du werst halt alt un dich drigge die Knoche bei dere Kelt.

1. Hirte Mich driggt mein leere Maache, net mei ahle Knoche…

3. Hirte Recht haste. Es wird Zeit, desse mer ma widder e Lamm uff die Seit bringe dun. Nur von Milch und Käs kann doch kein Mensch net leewe. Awwer de Alte is misstrauisch wie e ahl Katz. Wenn schon widder e Lamm verschwinde duht, jacht er uns allesamt zum Deibel.

Monochord setzt leise ein.

1. Hirte Halt emal dei Schnüss. Horch, was is'n des fer Musig?

2. Hirte Heerst de jetzt schon widder Gespenster. Des wird dein Maache sein, der knorrt.

Monochord lauter

3. Hirte Du, jetzt heer ich aach ebbes. Du, ich förscht mich. Ich ruf de Hund. Lubus, kimm bei!

Monochord, Auftritt des Engels im Altarraum

1. Hirte Ich werd verrickt, nix wie weg hier...

Engel Nor kaa Angst, duht euch net ferchde! E Mordsfreud hab ich euch auszzerichde, was ganz Scheenes, wojeder was devoo hawwe soll! Dann im David seiner Stadt driwwe is euch heut aaner geborn worn, den de Herrgott selwer euch geschickt hat, en Keenich for die klaane Leut. Un da draaa sollt err des erkenne: Ihr werdt e klaa goldich Bubche finne in Winnele eigewickelt, des liecht in eme Stall in ere Futterkripp!

Erzähler Unschwubb is newer dem Engel en ganze Haufe von himmlische Herrschafde erschiene, die hawwe vor Freud gesunge un gejodelt un hawwe de Liewegott hochlewe lasse: Ehre, hawwe se gerufe, un Hoch, de Herrgott, hoch! Un jetz solls Friede gewwe uff de Welt, dann unser Herrgott hat sei Mensche gern! Un da mer heut so en Hauf himmlische Herrschafde net unner uns hawwe misse mer selbst an dere Stell aaner singe.

Lied: Vom Himmel hoch, da komm ich her, EG 24,1–3

Erzähler Wie sich die Engel nach all dem Spekdagel un Gedees widder in Richtung Himmel fortgemacht hadde, warn die Hirdde ja völlisch ausem Häusi. De Herrgott hat ihne was verzähle lasse. En Keenisch weerd geborn und des net innem Palast, sonnern bei ihne dehaam innem Stall. Kaum zu glauwe war die Sach. Awwer dann hawwe se sich berabbelt un wollde mal selwwer gugge, was an dere Sach dran is.

1. Hirte Jetz awwer nix wie los un eniwwer nach Bethlehem. Jetz wollemer doch gleich emaal gucke, was da bassiert is un was de Herrgott uns da fer Sache verzeehle hat lasse.

2. Hirte Mache ma langsam jetz. Du kannst doch net mit leere Händ losrenne, wennde bei en Keenich willst. Aach em Arme-Leute-Keenich muss mer ebbes mitbringe.

1. Hirte Ei auf, nemm des Schaf mit. Des hat Milch un Woll un is warm – des kann so e Bobbelsche alles gut brauche.

2. Hirte Ja, un de Chef, was willste dem verzähle?

3. Hirte Geh mer doch mim Chef fort. Wer isn jetz Chef: de Herrgott un sei Bubche oder unsern Alde? Wenn des Klaane schon in de erste Nacht verfriert, wird's widder nix mim Keenich fer die klaane Leit.

2. Hirte Ei, wo de Recht hast, haste Recht. Jetz awwer nix wie los.

Erzähler Un schon sin se losgesaust, so schnell se konnde. Derweil had die Maria ihrn Sohn zur Welt gebracht un de Josef hadden in Winnele eigewickelt un in e Krippche geleecht, denn die Maria war dadezu viel zu ferdisch un hat erstemal e bissi geschlaafe. Un so had de Herrgott selbst sei erst Nacht im Heu unn im Stroh geschlafe, wie die Hirdde und die aafache Leut annerschterwo heit noch. Un wie des beiem glicklische Vadder so is, hatter seim Klaane auch ebbes gesunge und dadebei woll merm jetz helfe.

Lied Josef, lieber Josef mein (*aus dem 14. Jh.*)

Josef Un Maria, haste ebbes geschlaafe. Unser Klaaner schleeft aach in seiner Fudderkripp. Horchemal, es klobbt. *Geht zum Hintereingang an den Vorhang* – Als rinn in die gud Stubb…

Hirten treten ein, verlegen, setzen die Hüte ab, Schaf, Milchkanne, evtl. Schaffell dabei.

1. Hirte Mer hoffe, es is net ungeleche. Awwer uns hat de Herrgott verzähle lasse, des euer Bubche e mal unser

Keenich wern soll, en Keeenich fer die klaane Leut, fer unseraaner.

3. Hirte Un da wollde mer graduliere komme un er paar Klaanischkeide vorbeibringe und e Gebed spreche, des unserm Keenich nix bassiert.

2. Hirte Derfe mer es mal sehe…

Josef führt sie zur Krippe, sie legen ihre Geschenke nieder, und sie hocken sich zur Krippe.

Erzähler Un dann hawwe se des Kerlsche bewunnerd un hawwe verzählt, wasse vonem schon alles geheert hadde. Maria awwer hat sich in ihrm Herze alles gut gemerkt un driwwer simeliert. Un als die Hirde widder haam sin, warn se ganz meschugge vor Freud, weil de Herrgott so Sache grad ihne verrade hat un weil se jetz wussde, dass er se net vergesse hat.

Lied: Stille Nacht, heilige Nacht, EG 46

Ursula Starke

Ein kleines Weihnachtsoratorium für Kinder und Solisten

nach dem Lukasevangelium (Lk 2,1 – 20)

Inhalt: Erzählt wird die Weihnachtsgeschichte mit den Worten des Lukasevangeliums.

Anzahl der Spieler(innen): mindestens fünf oder mehr, 5 – 14 Jahre

Dauer: ca. 15 Minuten

Material: Krippe, Babypuppe, Kostüme und evtl. Requisiten für Maria, Josef, Engel und Hirten.

Zielgruppe: gut geeignet für den Familiengottesdienst

Personen: Erzählerin, Maria (Sologesang), Josef (Sologesang), Engel (Sologesang), Engelchor, Hirte/Hirtin (Sologesang), Hirtenchor

Verwendete Liederbücher:

EG – Evangelisches Gesangbuch
MKL 1 – Menschenskinderliederbuch 1
MKL 2 – Menschenskinderliederbuch 2

Hinweis: Die Erzählerin sollte langsam lesen und mit großen Pausen dem Spiel der Kinder Raum geben. Die Kinder selber brauchen nur dem vorgelesenen Test zu folgen. Sie führen pantomimisch aus, was gelesen wird. Die einzigen Texte, die sie auswendig können müssen, sind die Liedtexte. Natürlich lassen sich auch Dialoge einbauen, die zum Beispiel von den Kindern improvisiert werden können.

Die Lied- und Strophenauswahl ist genau auf die Lesung abgestimmt, ebenso, wer welche Lieder singt. An einigen Stellen hält das Konzept mehrere Liedvorschläge bereit, aus denen es auszuwählen gilt. Es besteht auch die Möglichkeit, Lieder zu streichen; an diesen Stellen wird der Text ohne die musikalische Kommentierung einfach weiter gelesen.

Eingeklammerte Liedstrophen bedeuten, dass sie weggelassen werden können. Die in Klammern gesetzten Evangeliumsverse können entfallen, da das darauf folgende Lied die in Klammern gesetzte Passage wiedergibt. Natürlich kann auch bewusst eine Dopplung erzeugt werden; Wiederholungen unterstreichen die Wichtigkeit der Worte.

An welchen Plätzen sich die einzelnen Stationen der Lesung/des Oratoriums abspielen, hängt von den Gegebenheiten vor Ort ab. Maria und Josef könnten sich tatsächlich auf den Weg durch das Kirchenschiff begeben, die Hirten haben ihre Weide in einiger Entfernung zur Krippe und begeben sich auf den Weg. Die Engel verkünden ihre Botschaft gerne von der Kanzel oder von der Empore aus.

Wer nicht im Spiel ist, verharrt in aktiver Passivität, in der Theatersprache „freeze" genannt. Die Gemeinde kann beteiligt werden, wobei es für die Atmosphäre gut wäre, wenn sie ihre Lieder auswendig singen könnte und dadurch das Rascheln mit Liedblättern oder das zeitweilige Erhellen des Raumes vermieden werden kann.

Lesung Lk 2,1–5

Maria und Josef machen sich auf den Weg

Es begab sich aber zu der Zeit, dass ein Gebot von dem Kaiser Augustus ausging, dass alle Welt geschätzt würde. Und diese Schätzung war die allererste und geschah zu der Zeit, da Cyrenius Landpfleger in Syrien war. Und jedermann ging, dass er sich schätzen ließe, ein jeglicher in seine Stadt. Da machte sich auch auf Josef aus Galiläa, aus der Stadt Nazareth, in das jüdische Land zur Stadt Davids, die da heißt Bethlehem, darum dass er von dem Hause und Geschlechte Davids war, auf dass er sich schätzen ließe mit Maria, seinem vertrauten Weibe, die war schwanger.

Lied: O Bethlehem, du kleine Stadt, EG 55,1 (Chor)

Lesung Lk 2,6 + 7

Maria und Josef sind angekommen, legen ihr Baby in die Krippe

Und als sie daselbst waren, kam die Zeit, dass sie gebären sollte. Und sie gebar ihren ersten Sohn und wickelte ihn in Windeln und legte ihn in eine Krippe; denn sie hatten sonst keinen Raum in der Herberge.

Lied: Es ist ein Ros entsprungen, EG 30,1 (2) (Chor; Gemeinde)

Lied: Freu dich, Erd und Sternenzelt, EG 47,1 (2) (Chor)

Lied: Zumba, zumba, MKL 1 Nr. 135 (Chor)

Lied: Josef, lieber Josef mein (1. Strophe: Maria und die Frauen der Gemeinde, 2. Strophe: Josef und die Männer der Gemeinde) (*aus dem 14. Jh.*)

Lesung Lk 2,8 – 10 (11 – 12)

Hirte(n) auf dem Feld; der Verkündigungsengel erscheint.

Und es waren Hirten in derselben Gegend auf dem Felde bei den Hürden, die hüteten des Nachts ihre Herde.

Und siehe, des Herrn Engel trat zu ihnen, und die Klarheit des Herrn leuchtete um sie; und sie fürchteten sich sehr.
Und der Engel sprach zu ihnen: Fürchtet euch nicht! Siehe, ich verkündige euch große Freude, die allem Volk widerfahren wird; Denn euch ist heute der Heiland geboren, welcher ist Christus, der Herr, in der Stadt Davids. Und das habt zum Zeichen: ihr werdet finden das Kind in Windeln gewickelt und in einer Krippe liegen.

Lied: Vom Himmel hoch, da komm ich her, EG 24,1–5 (Engel solo)

Lesung Lk 2,13 (14)

Der Engelchor tritt dazu.

Und alsbald war da bei dem Engel die Menge der himmlischen Heerscharen, die lobten Gott und sprachen: Ehre sei Gott in der Höhe und Friede auf Erden und den Menschen ein Wohlgefallen.

Lied: Ehre sei Gott in der Höhe, EG 26 (*Engelchor; zur Verstärkung der Botschaft bietet sich das Singen als Kanon an, z.B. mit Gemeinde*)

Lesung Lk 2,15

Die Hirten wenden sich einander zu und machen während des Singens oder danach auf den Weg, je nach ausgewähltem Lied.

Und da die Engel von ihnen gen Himmel fuhren, sprachen die Hirten untereinander: Lasst uns nun gehen nach Bethlehem und die Geschichte sehen, die da geschehen ist, die uns der Herr kundgetan hat.

Lied: Kommet, ihr Hirten, EG 48,2 (Hirten)

Die Hirten machen sich während des Singens oder danach auf den Weg zur Krippe.

Lied: Stern über Bethlehem, EG Hessen 542,1 (Hirten)

Die Hirten singen die Strophe am Platz und machen sich dann auf den Weg.
Oder: Die Hirten singen am Platz, danach mehrfache Wiederholung der letzten Zeile (auch als Kanon möglich) und dabei singend losziehen, ausklingen lassen.

Lied: Als ich bei meinen Schafen wacht MKL 2 Nr. 4,1 (2,3) (Hirte solo)

Dies als Variation, falls der Engel erst nur einem Hirten erscheint, der es dann den anderen weiter erzählt

Lesung Lk 2,16

Die Hirten kommen zur Krippe.

Und sie kamen eilend und fanden beide, Maria und Josef, dazu das Kind in der Krippe liegen.

Lied: Ich steh an deiner Krippen hier, EG 37,1 (4,6) (Hirte solo; Hirten; Chor)

Lied: Es ist ein Ros entsprungen, EG 30,3 (Hirten; Chor; Gemeinde)

Lied: Zu Bethlehem geboren, EG 32,1 (2) (Hirten; Chor)

Lesung Lk 2,17–19

Die Hirten ziehen ab (falls zum Schluss „Freu dich Erd und Sternenzelt", EG 47, gesungen wird, können sie sich in der Kirche verteilen und von ihren Plätzen singen).

Da sie es aber gesehen hatten, breiteten sie das Wort aus, welches zu ihnen von diesem Kinde gesagt war. Und alle, vor die es kam, wunderten sich der Rede, die ihnen die Hirten gesagt hatten. Maria aber behielt alle diese Worte und bewegte sie in ihrem Herzen.

Lied: Zu Bethlehem geboren, EG 32,3 (Maria solo)

Lied: Dies ist der Tag, den Gott gemacht, EG 42,3 (4) (Maria solo)

Lesung Lk 2,20

Und die Hirten kehrten wieder um, priesen alles, was sie gehört und gesehen hatten, wie denn zu ihnen gesagt war.

Lied: Freu dich, Erd und Sternenzelt, EG 47,4 (5) (Hirten; Chor; Gemeinde)

Lied: Wisst ihr noch, wie es geschehen, EG 52,6 (Hirten; Chor)

Christa Böttcher, Uwe Hausy, Uta Miersch, Claudia Viehmann

Liebesgedichte und Lyrik zur Weihnachtsgeschichte

Evangelische Kirchengemeinde Wiesbaden-Bierstadt

Inhalt: Texte und Gedichte, die sich um die Liebe drehen. Gottes Liebe zu uns Menschen ist so groß, dass er Mensch wird.

Anzahl der Spieler(innen): Mindestens drei und eine Liturgin. Optimal: zwei Frauen, ein Mann und eine Liturgin

Dauer: Der gesamte Gottesdienst dauert mindestens eine Stunde.

Material: Da alles sehr würdevoll und elegant wirken soll, sind die Sprecher(innen) entsprechend kostümiert

Zielgruppe: Erwachsene, eignet sich für die Christmette.

Personen: Christa Böttcher (Liturgin), Uta Miersch, Claudia Viehmann (Theater „traumfänger"), Uwe Hausy (Regie)

Hinweis: Basis für diesen Gottesdienst ist die Weihnachtsgeschichte nach Johannes. Alle Lieder sind aus dem evangelischen Gesangbuch. Der Gottesdienst ist sehr textlastig und dauert ziemlich lang. Vor allem, wenn man bedenkt, dass die Veranstaltung nachts um 23.00 Uhr stattfindet. Deshalb ist es wichtig, dass die Sprecher(innen) das Lesen intensiv geübt haben und es ihnen gelingt, mit ihren Stimmen die Menschen zu erreichen und einzufangen. Musikalisch hatten wir eine kleine klassische Besetzung aus Streichern dabei, um den würdigen Anlass noch zu unterstreichen. Für die Gemeinde war es ein Erlebnis, die Weihnachtslieder mit solch einer musikalischen Begleitung zu singen.

Musik zum Eingang

Bibellesung: Johannes 1,1–12/14

Christa Begrüßung

Lied: Jauchzet, ihr Himmel, EG 41

Psalm 84 *gemeinsam mit der Gemeinde gesprochen*
Wie lieb sind mir deine Wohnungen, Gott.
Meine Seele verlangt und sehnt sich nach deinen Vorhöfen.
Mein Leib und meine Seele freuen sich
in dem lebendigen Gott.
Seine Liebe wird heute wieder neu geboren in unsere Welt.
Ich danke dir, liebster Gott, dass du zu mir kommst,
und mein Herz mit Freude erfüllst.
Wohl den Menschen, die bei dir zu Hause sind.
Sie loben dich immerdar.
Sie preisen deine Güte.

Gebet
Bibellesung: Hohes Lied 4,1–16

Gedicht: Nähe des Geliebten
Uta Nähe des Geliebten
Ich denke dein, wenn mir der Sonne Schimmer
vom Meere strahlt.
Ich denke dein, wenn sich des Mondes Flimmer
in Quellen malt.
Ich sehe dich, wenn auf dem fernen Wege
der Staub sich hebt.
In tiefer Nacht, wenn auf dem schmalen Stege
der Wandrer bebt.

Ich höre dich, wenn dort mit dumpfem Rauschen
die Welle steigt.
Im stillen Haine geh ich oft zu lauschen,
wenn alles schweigt.
Ich bin bei dir, du seist auch noch so ferne,
du bist mir nah!
Die Sonne sinkt, bald leuchten mir die Sterne.
O wärst du da!

Goethe: Gedichte (Ausgabe letzter Hand. 1827), S. 62.
Digitale Bibliothek Band I: Deutsche Literatur – Basisbibliothek, S. 20382
(vgl. Goethe-BA Bd. 1, S. 42 – 43)

Gedicht: Frage
Claudia Frage

Merkst du denn nicht, wie meine Lippen beben?
Kannst du nicht lesen diese bleichen Züge,
Nicht fühlen, dass mein Lächeln Qual und Lüge,
Wenn meine Blicke forschend dich umschweben?

Sehnst du dich nicht nach einem Hauch von Leben,
Nach einem heißen Arm, dich fortzutragen
Aus diesem Sumpf von öden, leeren Tagen
Um den die bleichen, irren Lichter weben?

So las ich falsch in deinem Aug', dem tiefen?
Kein heimlich Sehnen sah ich heiß dort funkeln?
Es birgt zu deiner Seele keine Pforte
Dein feuchter Blick? Die Wünsche, die dort schliefen,
Wie stille Rosen in der Flut, der dunkeln,
Sind, wie dein Plaudern: seellos … Worte, Worte?

Joseph von Eichendorff

Lied: Es ist ein Ros' entsprungen, EG 30

Bibellesung: 1. Korinther 13,1 – 7.12.13

Gedicht: Uta

Liebe, da capo…
Liebe, da capo…
Auf einmal also bist du wieder da,
Und jeder brave Vorsatz ist verloren.
Ich hatte es mir diesmal zugeschworen;
…Und kämst du selbst aus Innerafrika:

Aus und vorbei! – Doch schon ist es zu spät.
Nun sitz ich, wie das heißt, in deinen „Netzen“.
Man sollte meine Seele strafversetzen
In ein Revier, das dir nicht untersteht.

Wußt ich denn nicht, dass es sehr ratsam ist,
Dich mit gut eingeübter Kühle fortzutreiben?
Wie aber soll ich denn vernünftig bleiben,
Wenn du mir leider so sympathisch bist?!

Als wäre nichts geschehn, tauchst du nun auf,
Mein kleines bißchen Ruhe zu zerstören.
Es ist so schwer, das Böse abzuwehren.
– Ich geb es auf

Und weiß: ein Herz, das man schon mal verlor,
Reist nur noch in getragenen Gefühlen.
Und, während wir noch einmal „Liebe“ spielen,
Bereit ich mich zum nächsten Abschied vor.

Gedicht: Claudia

Wir haben viel füreinander gefühlt
Wir haben viel füreinander gefühlt
Wir haben viel füreinander gefühlt,
Und dennoch uns gar vortrefflich vertragen.
Wir haben oft „Mann und Frau“ gespielt,
Und dennoch uns nicht gerauft und geschlagen.

Wir haben zusammen gejauchzt und gescherzt,
Und zärtlich uns geküßt und geherzt.
Wir haben am Ende, aus kindischer Lust,
„Verstecken“ gespielt in Wäldern und Gründen,
Und haben uns so zu verstecken gewusst,
dass wir uns nimmermehr wiederfinden.

Heine: Buch der Lieder, S. 136.
Digitale Bibliothek Band I: Deutsche Literatur – Basisbibliothek, S. 39340
(Vgl. Heine-WuB Bd. 1, S. 82 – 83)

Gedicht: Sie, zu ihm

Bühne: Ein leerer Stuhl, auf dem der imaginäre Geliebte sitzt. Beide Frauen umkreisen den Stuhl und sprechen mit ihm. Vorsicht mit dem Rücken. Am Schluss setzen sich beide auf den Stuhl.

Uta Ich hab dir alles hingegeben:
mich, meine Seele, Zeit und Geld.
Du bist ein Mann, du bist mein Leben,
du meine kleine Unterwelt.
Doch habe ich mein Glück gefunden,
seh ich dir manchmal ins Gesicht:
Ich kenn dich in so vielen Stunden –
nein, zärtlich bist du nicht.
Claudia Du küsst recht gut. Auf manche Weise
zeigst du mir was das ist: Genuß.
Du hörst gern Klatsch. Du sagst mir leise,
wann ich die Lippen nachziehn muss.
Du bleibst sogar vor andern Frauen
in gut gespieltem Gleichgewicht;
man kann dir manchmal sogar trauen…
aber zärtlich bist du nicht.

Uta O wärst du zärtlich!

Claudia Meinetwegen
kannst du sogar gefühlvoll sein.

Uta Mensch, wie ein warmer Frühlingsregen
so hüllte Zärtlichkeit mich ein!
Claudia Wärst du der Weiche von uns beiden,
Uta wärst du der Dumme.
Claudia Bube sticht.
Uta Denn wer mehr liebt, der muß mehr leiden.
Beide Nein, zärtlich bist du nicht.

Kurt Tucholsky

Lied: Zu Bethlehem geboren, EG 32

Christa Meditation/Predigt

Lied: Ich steh an deiner Krippen hier, EG 37

Gedicht: Denn da alle Liebenden
Claudia Thomas D, Die Fantastischen Vier, CD: Live in Stuttgart

Für diesen Text haben wir leider keine Abdruckrechte erhalten.

Gedicht: Finale con moto
Uta Finale con moto
Du hast in mir viel Lichter angezündet,
Mit blauen Träumen mir den Tag erfüllt,
Und alles Blühen, alles Leuchten mündet
Noch im Erlöschen hin zu deinem Bild.

Du kamst: Zum Garten ward das Grau der Straßen.
Du kamst nicht, und der Tag hat nicht gezählt.
Wie hat, allein, das Leben mich gequält.
Der große Trug, den wir zu zweit vergaßen.

Es war der gleiche Sang in unserm Blut,
die gleiche Saite, jäh entzweigerissen.
Ein müder Klang, um den wir selbst kaum wissen,
Jahrtausendealte, halberstorbne Glut.

Verwehter Ton, der noch im Klingen schweigt,
Gesumm, das ohne Anfang ist und Ende.
Da sich der Schatten deines Ahns dir neigt,
Umfängt auch mich der Segen seiner Hände.

Stumm zu verlöschen, ist der letzte Sinn,
Still fortzugehen, eh das Feuer schwindet.
Du hast in mir viel Lichter angezündet…

Du sollst nicht wissen, dass ich einsam bin.

aus: Mascha Kaléko, In meinen Träumen läutet es Sturm, dtv 1294, S. 30

Musik

Bibellesung: Lk 2,1–14 oder 1–20

Vaterunser

Lied: O du fröhliche, EG 44

Segen

Gedicht: Zum Einschlafen
Uta Zum Einschlafen zu sagen
Claudia Ich möchte jemanden einsingen,
bei jemandem sitzen und sein.
Uta Ich möchte dich wiegen und kleinsingen
und begleiten schlafaus und schlafein.
Claudia Ich möchte der einzige sein im Haus, der wüßte: die Nacht war kalt. Und möchte horchen herein und hinaus
in dich, in die Welt, in den Wald.
Uta Die Uhren rufen sich schlagend an, und man sieht der Zeit auf den Grund.

Claudia	Und unten geht noch ein fremder Mann und stört einen fremden Hund. Dahinter wird Stille.
Uta	Ich habe groß die Augen auf dich gelegt;
Claudia	Und sie halten dich sanft und lassen dich los,
Uta	wenn ein Ding sich im Dunkel bewegt.

Rilke: Das Buch der Bilder, S. 30.
Digitale Bibliothek Band I: Deutsche Literatur – Basisbibliothek, S. 86079 (vgl. Rilke-SW Bd. 1, S. 391)]

Musik zum Ausgang

ANHANG

Autorinnen und Autoren

Pfarrerin Christa Böttcher
Kirchengemeinde Wiesbaden Bierstadt

Gerharde von Burstin
Kirchengemeinde Jugenheim

Adrienne Clark
Kirchengemeinde Westerfeld

Iris Dittmar
Auferstehungsgemeinde Darmstadt-Arheilgen
Kreuzkirchengemeinde Darmstadt-Arheilgen

Anke Durth
Martin-Luther-Gemeinde Darmstadt

Martina Engels
Martin-Luther-Gemeinde Darmstadt

Pfarrer Andreas Friede-Majewski
Kirchengemeinde Wiesbaden–Bierstadt

Uwe Hausy, M.A., Dipl.-Religionspädagoge
Referent für Spiel und Theater im Zentrum Verkündigung der Evangelischen Kirche in Hessen und Nassau

Pfarrerin Ivonne Heinrich
Kirchengemeinde Bad Marienberg, Pfarramt III Höhn

Pfarrer Thorsten Heinrich
Kirchengemeinde Westerburg

Michael Kirmes
Dekanat Kronberg

Pfarrer i. R. Martin C. G. Körber
Frohbotschaftskirche Hamburg-Dulsberg

Annette Meffert
Martin-Luther-Gemeinde Darmstadt

Peter Müller-Wiener
Martin-Luther-Gemeinde Darmstadt

Pfarrer Dr. Lukas Ohly
Kirchengemeinde Nidderau-Ostheim

Kerstin Reinheimer, Dipl.-Religionspädagogin und Dipl.-Sozialpädagogin
Versöhnungsgemeinde Hassloch-Nord

Lutz Rentel
Martin-Luther-Gemeinde Darmstadt

Ursula Starke
Referentin für das Singen mit Kindern im Zentrum Verkündigung der Evangelischen Kirche in Hessen und Nassau

Theater „traumfänger“
Regine Brill, Edith Fiedor, Annika Götz, Michaela Götz, Ingeborg Hildmann-Lorenz, Nora Hünemohr, Sebastian Kress, Uta Miersch, Wiebke Nonne, Alessa Pörn, Tetyana Soslyute, Sonja Stasch, Claudia Viehmann

Materialbücher des Zentrums Verkündigung der Evangelischen Kirche in Hessen und Nassau

Die Bücher bieten Ihnen in der Praxis erprobte Materialien. Das Anliegen ist, Ihre pastorale und gemeindliche Arbeit anzuregen und zu unterstützen. Die Bücher, die für Pfarrerinnen und Pfarrer sowie für ehrenamtlich Mitarbeitende und andere Interessierte gedacht sind, erscheinen zweimal im Jahr. Jedes Buch enthält als besonderen Service eine CD-ROM.

Die Materialbücher können Sie direkt in unserem Online-Shop bestellen: *www.zentrum-verkuendigung.de* > *Online-Shop.* Beispielhaft stellen wir Ihnen vor:

Materialbuch 113

„Tröstet, tröstet ..."

Seelsorge in der Verkündigung – Verkündigung in der Seelsorge

Doris Joachim-Storch in Zusammenarbeit mit Raimar Kremer (Hrsg.)

Welche Worte, Gesten oder Gebete trösten? Bei einer Ehekrise, beim Altwerden, im Umgang mit niedergeschlagenen oder dementen Menschen, am Sterbebett, im Trauergespräch, in der Begegnung mit Kindern und Jugendlichen, in der Notfallseelsorge oder nach einer öffentlichen Katastrophe? Die Autorinnen und Autoren erzählen von ihren Erfahrungen in Gesprächen und Gottesdiensten. Und sie erzählen davon, wie sie Gottes Trost weiterzugeben versuchen. Manchmal erzählen sie auch von ihren Grenzen. Nicht alle Beiträge handeln von Krisen, bei einigen geht es einfach um Lebenskunst und getroste Lebensfreude.

Die meisten Entwürfe stammen aus der gemeindlichen Praxis, etliche Beiträge waren ursprünglich Rundfunkandachten oder Predigten. Das Buch ist gedacht als Anregung für Ihre Verkündigung in der Seelsorge und für die Seelsorge in Ihrer Verkündigung.

Materialbuch 114

Gestärkt werden

Abendmahl feiern und verstehen

Natalie Ende und Sabine Bäuerle (Hrsg.)

Was geschieht, wenn wir Abendmahl feiern? Wie gestalten wir das Mahl? Welche Worte sprechen wir? Wer ist eingeladen? Das Buch nimmt die Praxis und Gestaltung des Abendmahls in unseren Gemeinden umfassend in den Blick. Im Durchgang durch die verschiedenen Elemente des gottesdienstlichen Geschehens wird die Bedeutung des Abendmahls verständlich. Das Feiern und Verstehen, die Praxis und die Deutung des Abendmahls gehören zusammen und beziehen sich wechselseitig aufeinander.

Das Besondere dieses Bandes ist es, dass er Ihnen – neben Materialien und Entwürfen – konkrete Anregungen gibt, über das Abendmahl, seine Feier und Bedeutung ins Gespräch zu kommen, Unsicherheiten in der Feier zu überwinden und miteinander stärkende und stimmige Mahlfeiern zu erleben.

Im Herbst 2011

...erscheint das Materialbuch 116 zum Thema „Lebensräume“: Unsere Gottesdiensträume sind ein großer Schatz. Sie bieten viele Möglichkeiten, um Leben und Evangelium miteinander in Kontakt zu bringen. Ob Sie nun vorhaben, Ihre Kirche zu renovieren, Kirchenführungen zu machen oder einmal etwas andere Gottesdienste feiern wollen – in diesem Buch finden Sie vielfältige Anregungen zum Umgang mit dem Kirchenraum.

In unserem Online-Shop finden Sie eine Vielzahl weiterer Veröffentlichungen. Nähere Informationen erhalten Sie gern auch telefonisch.

Bestelladresse
Zentrum Verkündigung der EKHN
Wirtschaftsbetrieb
Markgrafenstr. 14, 60487 Frankfurt am Main
Telefon 069/71379-106
Fax 069/71379-105
E-Mail Fachbereich.GKK@zentrum-verkuendigung.de